高等职业教育"十四五"规划旅游大类精品教材
研学旅行管理与服务专业系列专家指导委员会、编委会

高等职业教育"十四五"规划旅游大类精品教材

研 学 旅 行 管 理 与 服 务 专 业 系 列

总顾问 ◎ 王昆欣　　　总主编 ◎ 魏 凯

研学旅行安全管理

YANXUE LÜXING ANQUAN GUANLI

主　编：陈　瑶

副主编：张　目

参　编：梁　极　罗　涵

华中科技大学出版社

http://press.hust.edu.cn

中国·武汉

内 容 简 介

本书立足新时代研学旅行高质量发展需求,紧扣教育部专业教学标准,以安全管理为核心脉络,系统构建了研学旅行安全管理的知识框架与实践体系。全书采用"理论引导＋实务操作"的双线结构,通过研学旅行安全管理概述、研学旅行安全风险识别与评估、研学旅行安全管理实务、研学旅行安全教育与培训、研学旅行安全防范与应对、研学旅行安全管理的法律法规与政策环境六个模块化项目展开,从安全管理的理论基础到风险识别评估技术,从应急预案编制到安全教育课程设计,从法律政策解读到典型事故案例分析,形成覆盖全流程、多维度的安全管理知识网络。

本书突出三大特色:一是模块化设计,以"认知—预防—处置—规范"为逻辑主线,实现知识分层递进;二是实战导向,配套真实事故案例、情境实训任务及数字化管理模板,助力能力转化;三是多维适用,既满足职业院校旅游类、教育类专业的教学需求,又可作为研学导师培训、中小学教师研修及行业资格认证考试的参考资料。本书理论与实践结合、法规与案例并重,致力于为从业人员构建系统化的安全管理能力框架,护航研学旅行安全、规范、可持续发展。

图书在版编目(CIP)数据

研学旅行安全管理 / 陈瑶主编. -- 武汉 : 华中科技大学出版社,2025.5. -- (高等职业教育"十四五"规划旅游大类精品教材). -- ISBN 978-7-5772-1857-1

Ⅰ. F590.75

中国国家版本馆 CIP 数据核字第 20254F8K25 号

研学旅行安全管理
Yanxue Lüxing Anquan Guanli

陈 瑶 主编

总 策 划:李 欢

策划编辑:王雅琪 王 乾

责任编辑:阮晓琼 王雅琪

封面设计:原色设计

责任校对:刘小雨

责任监印:周治超

出版发行:华中科技大学出版社(中国·武汉)　　　电话:(027)81321913

　　　　　武汉市东湖新技术开发区华工科技园　　　邮编:430223

录　　排:孙雅丽

印　　刷:武汉科源印刷设计有限公司

开　　本:787mm×1092mm　1/16

印　　张:11.25

字　　数:238千字

版　　次:2025年5月第1版第1次印刷

定　　价:49.80元

党的二十大报告指出,要"统筹职业教育、高等教育、继续教育协同创新,推进职普融通、产教融合、科教融汇,优化职业教育类型定位","实施科教兴国战略,强化现代化建设人才支撑","要坚持教育优先发展、科技自立自强、人才引领驱动","开辟发展新领域新赛道,不断塑造发展新动能新优势","坚持以文塑旅、以旅彰文,推进文化和旅游深度融合发展",这为职业教育发展提供了根本指引,也有力地提振了旅游职业教育发展的信念。

2021年,教育部立足增强职业教育适应性,体现职业教育人才培养定位,发布了新版《职业教育专业目录(2021年)》,2022年,又发布了新版《职业教育专业简介》,全面更新了职业面向、拓展了能力要求、优化了课程体系。因此,出版一套以旅游职业教育立德树人为导向、融入党的二十大精神、匹配核心课程和职业能力进阶要求的高水准教材成为我国旅游职业教育和人才培养的迫切需要。

基于此,在全国有关旅游职业院校的大力支持和指导下,教育部直属的全国重点大学出版社——华中科技大学出版社,在党的二十大精神的指引下,主动创新出版理念、改进方式方法,汇集一大批国内高水平旅游院校的国家教学名师、全国旅游职业教育教学指导委员会委员、全国餐饮职业教育教学指导委员会委员、资深教授及中青年旅游学科带头人,编撰出版"高等职业教育'十四五'规划旅游大类精品教材"。本套教材具有以下特点。

一、全面融入党的二十大精神,落实立德树人根本任务

党的二十大报告中强调:"坚持和加强党的全面领导。"党的领导是我国职业教育最鲜明的特征,是新时代中国特色社会主义教育事业高质量发展的根本保证。因此,本套教材在编写过程中注重提高政治站位,全面贯彻党的教育方针,"润物细无声"地融入中华优秀传统文化和现代化发展新成就,将正确的政治方向和价值导向作为本套教材的顶层设计并贯彻到具体项目任务和教学资源中,不仅培养学生的专业素养,还注重引导学生坚定理想信念、厚植爱国情怀、加强品德修养,以期落实"立德树人"这一教育的根本任务。

二、基于新版专业简介和专业标准编写,兼具权威性与时代适应性

教育部2022年发布新版《职业教育专业简介》后,华中科技大学出版社特邀我担任总顾问,同时邀请了全国近百所旅游职业院校知名教授、学科带头人和一线骨干教师,以及旅游行业专家成立编委会,对标新版专业简介,面向专业数字化转型要求,对教材书目进行科学全面的梳理。例如,邀请职业教育国家级专业教学资源库建设单位课程负责人担任主编,编写《景区服务与管理》《中国传统建筑文化》及《旅游商品创意》(活页式)等教材;《旅游概论》《旅游规划实务》等教材成为教育部授予的职业教育国家在线精品课程的配套教材;《旅游大数据分析与应用》等教材则获批省级规划教材。经过各位编委的努力,最终形成"高等职业教育'十四五'规划旅游大类精品教材"。

三、完整的配套教学资源,打造立体化互动教材

华中科技大学出版社为本套教材建设了内容全面的线上教材课程资源服务平台:在横向资源配套上,提供全系列教学计划书、教学课件、习题库、案例库、参考答案、教学视频等配套教学资源;在纵向资源开发上,构建了覆盖课程开发、习题管理、学生评论、班级管理等集开发、使用、管理、评价于一体的教学生态链,打造了线上线下、课内课外的新形态立体化互动教材。

本套教材既可以作为职业教育旅游大类相关专业教学用书,也可以作为职业本科旅游类专业教育的参考用书,同时,可以作为工具书供从事旅游类相关工作的企事业单位人员借鉴与参考。

在旅游职业教育发展的新时代,主编出版一套高质量的规划教材是一项重要的教学质量工程,更是一份重要的责任。本套教材在组织策划及编写出版过程中,得到了全国广大院校旅游教育教学专家教授、企业精英,以及华中科技大学出版社的大力支持,在此一并致谢!

衷心希望本套教材能够为全国职业院校的旅游学界、业界和对旅游知识充满渴望的社会大众带来真正的精神和知识营养,为我国旅游教育教材建设贡献力量。也希望并诚挚邀请更多旅游院校的学者加入我们的编者和读者队伍,为进一步促进旅游职业教育发展贡献力量。

王昆欣

世界旅游联盟(WTA)研究院首席研究员

高等职业教育"十四五"规划旅游大类精品教材总顾问

序二

XU ER

2024年5月17日,全国旅游发展大会在北京召开。在本次会议上,习近平总书记对旅游工作作出重要指示,强调"新时代新征程,旅游发展面临新机遇新挑战",要"坚持守正创新、提质增效、融合发展"。党的十八大以来,我国旅游业日益成为新兴的战略性支柱产业和具有显著时代特征的民生产业、幸福产业,成功走出了一条独具特色的中国旅游发展之路。当下,我国旅游业正大力发展新质生产力,推动全行业高质量发展,加速构建旅游强国。

在这个知识经济蓬勃发展的时代,教育的形式正经历着前所未有的变革。随着素质教育理念的深入人心与国家政策的积极引导,研学旅行作为教育创新的重要实践,已成为连接学校教育与社会实际、理论学习与实践探索的桥梁。"读万卷书,行万里路",研学旅行不仅丰富了青少年的学习体验,更是培养其综合素质、创新意识、民族使命感、社会责任感的有效途径。自2016年11月30日教育部等11部门联合出台《关于推进中小学生研学旅行的意见》以来,研学旅行作为教育新形式、旅游新业态在国内蓬勃发展,成为教育和文旅行业的新增长点。2019年10月,"研学旅行管理与服务"专业正式列入《普通高等学校高等职业教育(专科)专业目录》,研学旅行专业人才培养正式提上日程。但是行业的快速发展也暴露了研学旅行专业人才短缺、相关理论体系不完善、专业教材匮乏、管理与服务标准不一等问题。为了有效应对这些挑战,在此背景下,我们联合全国旅游院校的多位优秀教师与行业精英,经过深入调研与精心策划,推出研学旅行管理与服务专业的系列教材,旨在为这一新兴领域提供一套专业性、系统性、实用性兼备的教学资源,助力行业人才培养。

习近平总书记指出,要抓好教材体系建设。从根本上讲,建设什么样的教材体系,核心教材传授什么内容、倡导什么价值,体现的是国家意志,是国家事权。教材建设是育人育才的重要依托,是解决培养什么人、怎样培养人以及为谁培养人这一根本问题的重要载体,是教学的基本依据。教材建设要紧密围绕党和国家事业发展对人才的要求,扎根中国大地,拓宽国际视野,以全面提高质量为目标,以提升思想性、科学性、民族性、时代性、系统性为重点,形成适应中国特色社会主义发展要求、立足国际学术前沿、门类齐全、学段衔接的教材体系,为培养担当民族复兴大任的时代新人提供有力支撑。新形态研学旅行管理与服务专业教材的编写既是一项迫切的现实任务,也是一项重要的研究课题。本系列教材根据专业人才培养目标准确进行教材定位,按照应用导向、能力导向要求,优化教材内容结构设计,融入丰富的典型案例、延伸材料等多元化内容,全线贯穿课程思政理念,体现对工匠精神、红色精神、团队精神、文化传承、文化创新、文明旅游、生态文明和社会主义核心价值观的弘扬和引导,提升教材的人文精神。同时广泛调查和研究应用型本科高等职业教育学情特点和认知特点,精准对标研学旅行相关岗位的职业特点及人才培养的业务规格,突破传统教材的局限,打造一套能够积极响应旅游强国战略,适应新时代职业教育理念的高质量专业教材。本系列教材共包含十二本,每一本都是对研学旅行或其中某一关键环节的深度剖析与实践指导,形成了从理论到实践、从课程设计到运营管理的全方位覆盖。这套教材不仅是一套知识体系的构建,更是一个促进教育与旅游深度融合,推动行业标准化、专业化发展的积极尝试。它为相关专业学生、教师、行业从业人员提供权威、全面的学习资料,助力培养一批具备教育情怀、专业技能与创新能力的研学旅行管理与服务人才,进一步推动我国研学旅行事业向更高水平迈进。

研学旅行管理与服务专业教材的编写对于专业建设、人才培养意义重大,影响深远。华中科技大学出版社与山东旅游职业学院、浙江旅游职业学院等高校,以及北京中凯国际研学旅行股份有限公司深度合作,以科学、严谨的态度,在全国范围内凝聚院校和行业优秀人才,精心组建编写团队,数次召开研学旅行管理与服务专业系列教材编写研讨会,深入一线对行业、院校进行调研,广泛听取各界专家意见,为教材的高质量编写和出版奠定了扎实的基础。在此向学界、业界携手共建教材体系的各位同仁表示衷心的感谢!

我们相信,这套教材的出版与应用能够为研学旅行的发展注入新的活力,促进理论与实践的有机结合,为研学旅行专业人才的培养赋能,也为教育创新和旅游业的转型升级、提质增效贡献力量。同时,我们也期待读者朋友们能为本系列教材提出宝贵的意见和建议,以便我们不断改进和完善教材内容。

魏凯
山东旅游职业学院副校长,教授
山东省旅游职业教育教学指导委员会秘书长
山东省旅游行业协会导游分会会长

前言
QIANYAN

　　研学旅行是行走的课堂,是教育与自然的深度融合,更是青少年认知世界、锤炼品格的重要实践。近年来,随着《关于推进中小学生研学旅行的意见》《中小学综合实践活动课程指导纲要》等政策文件的出台,研学旅行已成为我国基础教育改革的重要形式。然而,当课堂延伸至山川湖海、市井乡野等处,安全问题便成为这一教育模式不可回避的核心命题。毕竟,一次意外可能摧毁所有的教育成果,一次疏漏就可能会付出生命的代价。

　　安全是研学旅行的生命线,却绝非简单的"不出事"。它要求具备系统性思维,贯穿研学旅行的全过程:从风险识别、预案制定到应急响应,从法律权责划分到心理危机干预,每一个环节都考验着教育工作者的专业素养与社会责任感。当前,研学活动场景日益多元(如高原科考、非遗工坊体验、红色教育基地探访等),安全隐患逐渐呈现出动态化、复杂化的趋势。传统"一刀切"的管理模式已无法应对真实挑战,唯有构建科学化、场景化的安全管理体系,才能让"诗与远方"真正成为滋养成长的沃土。

　　本书基于对当前研学旅行安全管理的深入调研与分析,融合了国内外先进的安全管理理念与实践经验,力求做到理论与实践相结合,既具有前瞻性,又注重可操作性。内容涵盖了研学旅行安全管理的方方面面,从前期的风险评估与预案制定,到行程中的实时监控与应急处理,再到后期的总结反馈与持续改进,形成了一套完善的安全管理体系。

　　我们深知,安全是研学旅行的生命线,没有安全,一切美好的教育愿景都将无从谈起。因此,本书特别强调以下几点。

　　(1)预防为主,综合治理。强调在研学旅行规划之初就将安全因素纳入考量,通过全面的风险评估,提前识别潜在风险,制定针对性的预防措施,实现安全管理的关口前移。

　　(2)全员参与,责任到人。倡导构建"人人都是安全员"的安全文化,明确教师、学生、家长及第三方服务提供者的安全责任,形成合力,共同维护研学旅行的安全环境。

　　(3)应急准备,快速响应。详细介绍各类突发事件的应急预案制定与执行,强调应急演练的重要性,确保一旦发生紧急情况,能够迅速、有效地采取应对措施,最大限度地减少损失。

（4）科技赋能，智慧管理。探索利用现代信息技术手段，如GPS定位、大数据分析等，提升研学旅行的安全管理效能，实现安全管理的智能化、精准化。

（5）文化融入，安全教育。将安全教育融入研学旅行的全过程，通过实地体验、互动讨论等形式，增强学生的自我保护意识和能力，旨在将其培养成具有社会责任感和安全素养的未来公民。

教育是向美而生的事业，安全管理则是这份美好的底线守护。研学旅行的意义，不仅在于让学生"看见世界"，更在于教会他们"如何安全地探索世界"。我们期待，通过本书的学习与应用，每一位参与者都能成为研学旅行安全管理的践行者。

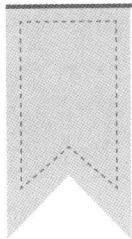

目录
MULU

Note

学习目标

知识目标

(1) 熟悉研学旅行安全管理的概念、目标、原则。

(2) 熟悉研学旅行安全事故发生的原因。

(3) 了解研学旅行安全的概念、研学旅行安全问题的特征。

能力目标

(1) 树立正确的研学旅行安全理念。

(2) 能够运用新技术开展研学旅行安全管理活动。

素养目标

(1) 培养学生的安全意识与责任感，确保学生的人身安全。

(2) 提升学生的团队协作与沟通能力，维护研学旅行的安全环境。

思维导图

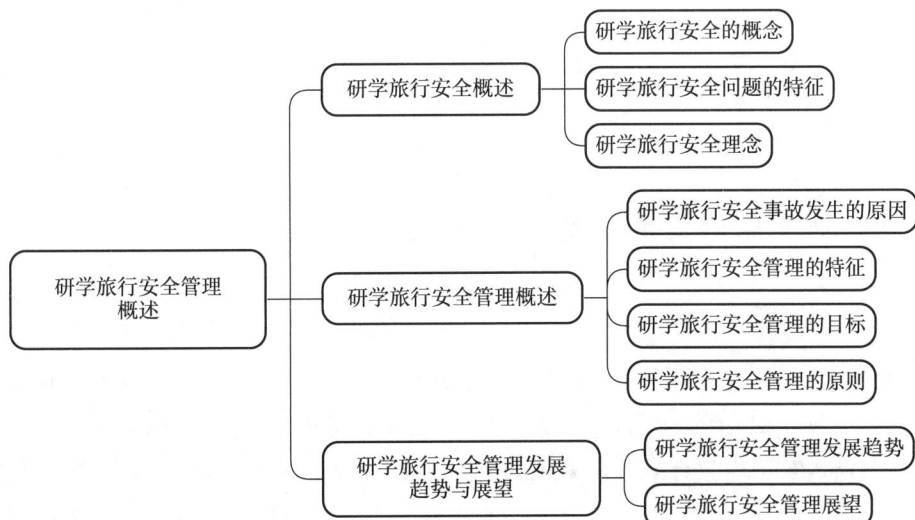

任务一　研学旅行安全概述

任务导入

在某学校组织的研学旅行活动中,出发前未对车辆进行全面检查,车辆在行驶途中突然出现故障,导致学生滞留路边,险些酿成严重事故。幸运的是,由于工作人员及时发现异常并迅速采取了救援措施,最终未造成人员伤亡,这一事件暴露出车辆出行前的安全检查环节存在严重漏洞。针对这一问题,学校应建立健全车辆检查制度,确保每一辆参与运输的车辆性能良好,从源头上防范类似事故再次发生。

任务解析

该案例充分反映出,在研学旅行安全管理实践中,行前风险排查环节未能有效识别车辆潜在隐患,预防机制失效,车辆检查流程缺乏标准规范,最终导致行进途中车辆突发故障。因此,研学安全管理需从"事后被动应对"转向"事前主动防控",通过制度、技术和文化的三重增效,实现"零事故"目标。

任务重点

(1)了解研学旅行安全管理的特征。
(2)掌握研学旅行需要贯彻的安全理念。

任务难点

了解研学旅行安全理念并将其融入实践。

任务实施

一、研学旅行安全的概念

(一)研学旅行

"研学旅行"作为政策概念最早出现于2013年2月国务院办公厅印发的《国民旅游休闲纲要(2013—2020年)》,该文件首次提出"逐步推进中小学生研学旅行"。此后,研学旅行逐渐进入国内教育界及旅游界的研究视野,成为推动综合实践育人模式创新发展的新领域。2014年,教育部《关于进一步做好中小学生研学旅行试点工作的通知》中对研学旅行的解释为：研学旅行是面向全体中小学生，由学校组织安排，以培养中小学生的生活技能、集体观念、创新精神和实践能力为目标，是基础教育课程体系中的综合实践活动课程的重要组成部分。研学旅行是融社会调查、参观访问、亲身体验、资料搜集、专家点评、集体活动、同伴互助、文字总结等于一体的综合性社会实践活动，是一门综合实践活动课程。

2016年教育部、国家发展改革委等11部门印发的《关于推进中小学生研学旅行的意见》，对研学旅行进行了定义：中小学生研学旅行是由教育部门和学校有计划地组织安排，通过集体旅行、集中食宿方式开展的研究性学习和旅行体验相结合的校外教育活动，是学校教育和校外教育衔接的创新形式，是教育教学的重要内容，是综合实践育人的有效途径。

（二）研学旅行安全的概念

安全，是指系统处于免受不可接受的损害风险的一种状态。不可接受（承受）风险一旦发生，通常会造成人的伤害和物的损失。因此"无危则安，无损则全"——若系统运行对人员和财产可能造成的损害被控制在社会普遍可接受的阈值之下，即可称为安全状态。

研学旅行安全问题，是研学旅行过程中表现出来的与研学安全相矛盾或冲突的各种现象，既包括在研学旅行过程中各相关主体在安全认知与意识层面的不足，也涵盖研学活动各环节中因管理疏漏、环境风险或人为因素引发的安全事故或潜在隐患。

《研学旅游服务要求》从安全管理制度、安全管理、人员安全教育和应急预案四个方面对研学旅行安全管理提出了要求，指出主办方、承办方及供应方应针对研学旅行活动分别制定安全管理制度，构建完善有效的安全防控机制。研学旅行安全管理制度体系主要包括研学旅行安全管理工作方案、研学旅行应急预案及操作手册、研学旅行产品安全评估制度、研学旅行安全教育培训制度等。

在广义上，研学旅行安全涵盖了以学习为目的的专项旅游活动中出现的各类安全问题，这不仅包括研学学习活动本身的安全事态，也涉及与研学旅行活动相关的社会现象中的安全问题。而在狭义上，研学旅行安全特指在研学旅行活动中，涉及所有研学参与者的安全现象的总和。这包括了研学旅行活动各个环节中与参与者安全相关的各种现象，以及与研学旅行活动相关的人员、设备、环境等各个主体的安全状况。

二、研学旅行安全问题的特征

研学旅行是集自然性、教育性和体验性等多性质于一体的校外教育活动，研学旅行安全具有与学校校内教育活动安全不同的特征，主要表现为以下四个方面。

（一）影响因素多，危害大

研学旅行以校外教育活动为表现形式，多在户外或校外研学基地进行，潜在风险大,影响因素多,主要有人员因素、管理因素、交通因素和环境因素等,加之中小学生作为研学旅行主体,安全防范意识薄弱,风险发生率极高。

(二)管理跨度广、难度大

研学旅行是由教育行政部门指导、中小学校主导,研学机构承办实施的校外教育活动。因其涉及多方利益主体(如教育、文旅、公安等部门及学校、机构、学生群体),且管理领域广、地域跨度大,需多部门协同联动。中小学生研学旅行活动本身就具有复杂性、不确定性的特点,加之管理跨度广,显著增加了安全与质量管控的难度。在这个过程中,学校是主要责任承担者,其他各方也需承担相应责任。

(三)安全责任重,影响大

对于教育主管部门、学校及教师而言,开展研学旅行意味着教育和保护责任的范围从校内延伸到校外,安全责任更重。研学旅行安全事故一旦发生,参与师生的生命安全、财产权益等可能遭受损害,学生家庭也将承受巨大的情感伤害或经济损失,学校负责人及教育主管部门相关人员还可能面临承担行政责任的风险。更为严重的是,此类事故可能对事故发生地的整体旅游产业发展造成负面影响,甚至有损国家形象与声誉。

(四)防控成本高,投入大

研学旅行作为校外教育实践活动,其安全问题类型多种多样,因此必须要做好安全防控工作。安全防控工作涵盖行前对从业人员的安全技能培训,对基地营地接待设施设备的标准化建设,面向学校师生开展安全意识培养讲座等,这些措施都需要投入大量的人力、物力、财力。一旦发生安全事故,则要求各责任方有足够的资金来履行赔偿责任,因而防控投入的成本非常高。

三、研学旅行安全理念

研学旅行作为中小学生校外教育活动的重要形式,学生安全是研学旅行得以开展的重要前提和保障。对安全风险的认知是影响中小学生能否参与研学旅行的首要因素,加强研学旅行安全风险教育是提高安全风险认知的重要途径,在开展研学旅行时应坚持以下基本理念。

(一)坚持安全第一

研学旅行安全第一,没有安全就没有一切。研学旅行安全风险始终是悬在中小学教师、从业机构和家长头上的达摩克利斯之剑,其重要性不仅关乎学生的身心健康与生命安全,更直接影响着万千家庭的幸福稳定。这就要求在研学旅行全流程管理中,都要把安全问题放在第一位。安全工作的落实要从线路勘查开始,在课程设计中全面深入分析,在课程实施中着力保障,在课程评价中重点评估,在研学旅行工作中始终将

"安全第一"的理念贯彻始终。

（二）坚持制度为先

完善的安全管理体系是研学旅行安全的可靠保证。《关于推进中小学生研学旅行的意见》和《研学旅游服务要求》都对研学旅行安全管理体系提出了明确的指导意见和建设标准。教育主管部门、旅游主管部门以及其他与研学旅行相关的行业主管机构，学校、研学机构和研学实践教育基地等研学旅行从业单位，都必须按照要求，制定覆盖全面、责任明确、措施具体、方法科学、程序规范的研学旅行安全管理体系。

（三）坚持预防为主

预防为主的安全理念是指在研学旅行过程中，将安全放在首位，通过制定完善的安全管理制度、加强安全教育、提高师生安全意识等措施，尽可能地预防安全事故的发生。

一切安全管理制度、安全措施都是为了防止安全事件的发生，研学旅行安全工作必须坚持预防为主的原则。自研学旅游筹备初始，就应针对各个环节制定预防安全事故发生的具体方案。在线路规划阶段，要充分考虑线路资源的各种不安全因素；在进行线路勘查时，要着重对各种不安全因素进行考察，并制定具体可行的应对各类潜在安全隐患的有效措施；在进行课程设计时，要制定有针对性的安全注意事项；同时，针对各类可能存在的安全问题，要制定有效的应急预案。

课后练习

1. 研学旅行安全问题的特征是什么？
2. 组织研学旅行活动应坚持哪些安全理念？

任务二　研学旅行安全管理概述

任务导入

某中学与某旅行社签订了研学旅行合同。合同约定：中学负责从交通、饮食等方面，对学生进行有针对性的安全教育，协助旅行社进行监督管理。研学期间，旅行社负责提供交通、餐饮、门票等服务，负责制定完整的安全预案，负责整个研学过程中的安全教育和管理工作。

学生朱某参加了此次研学旅行，在景区及旅行社工作人员的带领下，游览了某森林公园。下山途中，带队的旅行社工作人员未能控制好团队行进速度，也未对学生尽到安全告知、警示等义务,导致朱某在赶路过程中,不慎踩空台阶摔伤。旅行社工作人员对其进行了紧急治疗,并于事发当日下午将其送往医院治疗。经诊断,朱某为脾破裂、右外踝撕脱骨折。朱某将学校、旅行社及景区起诉至法院,要求三方共同承担赔偿责任。

🌀 任务解析

旅行社未能履行安全保障义务,景区安全标志设置不全,学校未尽到教育和管理职责,再加上学生自身对风险的认识不足,导致了安全事故的发生。因此,在进行研学旅行时,应坚持安全第一、预防为主的原则,建立风险防范机制,明确各方责任,确保学生安全。

🌀 任务重点

了解研学旅行安全事故发生的原因。

🌀 任务难点

掌握研学旅行安全管理的目标。

🌀 任务实施

研学旅行安全管理是研学旅行管理部门、组织及个人遵照国家的安全生产方针、法律法规和制度等采取各种管理措施和技术方法,防范、控制和消除人的不安全行为、物的不安全状态和环境的不安全条件,从而保障研学旅行活动安全运行和协调可持续发展。

一、研学旅行安全事故发生的原因

(一)人的不安全因素

1.管理因素

通过分析各类事故,我们不难发现,绝大多数的事故是可以通过预防措施来避免的。然而在现实中,预防措施未能成功实施,往往是因为管理层面的缺陷或操作失误。

(1)研学旅行资源开发不当。

研学旅行资源的过度开发利用,在一定程度上会对旅游地的山体、水体、大气、动植物群落及其生态环境造成破坏。这种破坏不仅可能诱发一系列旅游灾害事故,还会加剧研学旅行环境的不安全因素。在道路、酒店等基础设施的建设过程中,因大规模开挖作业引发的山体滑坡、岩石崩塌等地质灾害屡见不鲜。在研学旅行设施建设中,为满足场地需求而进行的大规模伐木行为,致使植被覆盖度大幅降低,水土保持能力显著削弱。一旦遭遇暴雨等极端天气,极易发生泥石流等灾害。

（2）研学旅行管理不善。

研学旅行管理主体在研学旅行安全管理中扮演着战略制定者和战术执行者的角色。然而,由于管理体制与运作机制的不健全,安全相关的规章制度不完善,安全管理实施与落实不力,现场指导与检查缺失,隐患整改不及时,研学旅行安全管理存在"真空地带",这增加了事故发生的概率。

（3）预防措施不足。

应对事故的预防措施不足(如报警渠道不畅、信息系统建设滞后等)会导致信息的传播阻塞、迟缓,事故不能被及时扼杀在摇篮之中。部分研学旅行管理者缺乏对各类灾害的前瞻性预判能力,对潜在风险认识不足、警惕性不够,难以做到未雨绸缪、及早防范。一旦引发事故的"导火索"被点燃,由于预防措施的漏洞百出,部分研学旅行参与者可能会因安全意识薄弱或心存侥幸,越过既定的安全限定范围,做出本应被严格禁止的危险行为。如此一来,研学旅行安全事故便难以控制,最终酿成不可挽回的悲剧。

（4）应急能力不足。

研学旅行安全事故发生时,应急能力不足、处置措施不当、抢险救灾队伍数量不足且专业性薄弱,以及研学旅行从业人员应急处置能力欠缺,往往是导致事故损失扩大的关键因素;反之,若能在事故发生时沉着冷静,迅速启动科学救援机制并实施有效管控,及时遏制事态恶化,伤亡人数和经济损失将可降至最低程度。

2. 个人因素

（1）主观认识不足。

部分研学旅行从业人士安全意识薄弱,甚至存在认识误区,对研学旅行服务设施潜在的安全隐患视若无睹,对员工的减灾技能培训及防灾知识宣传缺乏重视,对安全事故的预防措施仅限于被动配合,未能真正落实。一些管理层片面追求利润最大化,忽视甚至放弃安全生产,或抱有侥幸心理,最终导致了事故的发生。研学旅行管理机构及管理者应树立"安而不忘危,治而不忘乱,存而不忘亡"的安全意识,充分认识安全管理的重要性与必要性,加强对研学旅行组织的安全管理,提升风险意识,从根本上预防研学旅行安全事故的发生。

（2）逃生反应不快。

由于信息不对称,人们在遭遇灾害时,第一反应往往是不相信灾害的发生。神经科学研究表明,约75%的受灾者在突发灾害初期会出现3—8秒的认知停滞,表现为判断力暂时丧失与行为冻结。相关统计数据显示,"9•11"事件中成功逃离世贸大厦的幸存者,在逃生前的平均等待时间为6分钟。研究表明,当人们遭遇灾害并被告知需要疏散时,大多数人首先会参考家人、新闻及政府官员的意见。在"9•11"发生时,许多人曾通过上网查询、打电话询问朋友等方式验证灾情,70%的人在逃生前都与其他人员有过交流,从而错失了逃生的最佳时机。

（3）个人行为不妥。

在研学旅行活动中，由于参与者普遍存在追求精神愉悦与放松的心理预期，同时由于安全信息不对称，往往会对研学基地和营地的安全状况产生认知偏差。这种偏差容易导致参与者警惕性下降，安全防范意识松懈，进而引发一系列不当行为。例如，因操作失误或忽视警告，导致安全装置失效；有的抱有侥幸心理，无视研学基地营地的安全标志和管理规定，使用存在隐患的设备、擅自闯入危险区或在不安全位置逗留；还有的出于逆反心理，明知危险仍冒险行事，在必须使用个人防护装备的情况下（如水上活动），未按规定使用防护装备。这些行为都显著增加了安全事故发生的风险。

（4）应急措施不当。

当个体意识到自己处于危险之中时，多数人的本能反应是迅速逃离，倾向于选择最短路径撤离危险场所。然而，若采取错误的应急措施，往往会酿成悲剧。例如，在发生火灾时选择乘电梯逃离，极易造成人员伤亡。面对危险，恐惧情绪会迅速蔓延。相关数据统计，在遇到灾难时，仅有10%—25%的人能够保持头脑清醒，果断采取行动；60%—75%的人会情感错乱，陷入茫然失措的状态；约15%的人会焦虑惊恐，甚至完全崩溃，出现哭泣、尖叫等行为，进而干扰他人疏散。适度的恐慌可以提升人的反应能力，但过度恐慌会导致思维停滞、反应迟缓，影响应急处置的有效性。若研学旅行参与者未掌握应急知识和技能，一旦遭遇危险，很可能致使灾害后果进一步恶化。

（二）物的不安全因素

1. 设施因素

研学旅行基地营地服务设施在设计建设中存在缺陷，例如部分建筑物、构件等存在消防安全不达标问题，违规采用易燃建材，这些问题都为后续运营埋下安全隐患。研学旅行服务设施在营运过程中，缺乏检查、维护和保养，这也是导致事故发生的重要因素之一。以住宿环节为例，若酒店未能对供气管道进行定期维护，导致管道长期遭受腐蚀，极易引发燃气泄漏、爆炸等安全事故，进而造成严重的人员伤亡和财产损失。

2. 设备因素

一些个人安全防护、保险用具或设备若存在设计缺陷，或实际使用年限超出设计年限，又或是过度使用导致老化、磨损严重，都有可能埋下安全隐患，进而引发事故。例如，防护服、手套、护目镜、听力护具、安全带、安全帽、安全鞋等。

（三）环境的不安全因素

环境的不安全状态会干扰研学旅行参与者的正常思维，使其失去应有的判断能力，进而诱发不安全行为；反之，参与者的不安全行为又会进一步破坏环境的安全性，催生新的安全隐患。例如，当油料着火时，若错误地用水灭火，不仅无法控制火情，反而会加剧火势蔓延，使环境变得更加危险。

1. 自然环境因素

（1）自然环境引发。

受地质构造、地貌条件、气象气候、水系水文及植被覆盖等因素的影响，地震、火山喷发、暴雨、洪涝、滑坡、泥石流、台风、海啸等自然灾害时有发生，威胁研学旅行参与者和研学旅行目的地社区公众的生命财产安全，还会对研学旅行资源和设施造成破坏。

（2）环境条件影响。

某些环境条件相互叠加容易引发安全事故。例如，光线昏暗、交通线路规划不合理，可能导致交通事故；活动场所狭窄拥挤、物品堆放杂乱，易引发人群踩踏或碰撞事故；空间通风不畅，温湿度不适宜，会影响研学旅行参与者的身体健康，甚至诱发相关疾病；地面湿滑则可能致使参与者滑倒摔伤。

2. 社会因素

（1）经济发展水平。

随着生产力和生产方式的发展，事故的类型也随之增加。在经济发展过程中，若贫富差距持续扩大，而社会保障制度不能同步跟进，就会引发一些犯罪和社会问题，给研学旅行治安环境埋下隐患。此外，经济发展水平还会间接地影响研学旅行安全。当地的经济发展水平决定了研学旅行设施的质量和安全性，一旦相关设施不完善、设备质量不达标或是管理方式落后，都极易成为引发研学旅行安全事故的关键因素。

（2）其他行业影响。

研学旅行的行业边界比较模糊，其发展较多地依赖其他行业和产业。交通、商业、通信、林业、农业、保险等为研学旅行提供服务的行业部门，都与研学旅行关联密切。各行业间的协作配合，是研学旅行业得以稳健发展的重要支撑。一旦这些关联产业出现问题，便可能引发研学旅行安全事故。

（3）民风民俗差异。

研学旅行参与者与研学旅行目的地居民之间，民风民俗、宗教信仰的差异会产生误会，进而引发冲突，导致安全事故发生。研学旅行目的地居民受教育程度的高低，直接影响着当地的居民素质和社会风气。若居民文化程度高、修养良好，当地社会风气积极向上，居民待客热情友好，研学旅行服务规范有序，主客关系和谐融洽，那么研学旅行的安全保障就更有力度；反之，较低的居民受教育程度可能滋生不良风气，容易引发各类研学旅行安全事故。

知识活页

关于加强暑期研学旅行活动的工作提示

为进一步加强暑期研学旅行活动，确保研学旅行工作正常有序开展，根

Note

据教育部和文旅部相关文件精神,现就暑期研学旅行活动组织开展工作提示如下。

1.加强安全管理

研学机构和旅行社应制定详细的研学活动方案和安全应急预案,严格落实未成年人保护、安全管理、应急处置等各项要求,明确活动的负责人、路线、交通工具、餐饮、保险等细节。行前必须对孩子进行安全教育,必须给研学师生购买研学旅行相关保险,必须选择资质好、守信誉、有实力的交通运输公司;选择的餐饮点要有完备的卫生合格和经营资质;密切关注天气情况,不在高温、台风、暴雨等极端天气下组织研学活动;加强管理,不宜选择风险性较高、不适宜青少年参与的游览项目,不到设定路线以外的地点活动、不冒险攀爬、不做危险游戏,不靠近涉水临崖的危险区域等。在行程中要如遇紧急突发情况要果断中止行程,调整计划,并配合相关部门,妥善处理危险状况。

2.明确合同内容

研学机构和旅行社应具有完备资质且有丰富的研学组织经验,要签订正式合同,合同条款要明晰内容,明确研学活动的具体安排,包括行程、住宿、饮食和收费标准、退费办法及违约责任等条款方面的信息,确保双方的权利和义务,并开具正规发票。

3.规范宣传引导

研学机构和旅行社在宣传引导中含有研学课程内容、研学实践场所、研学师资情况,以及行程、交通、住宿、餐饮等安排和标准等核心内容,必须合规、真实、清晰、准确、可复核查证,严禁用夸大、模糊、偷换概念,或以缩写、缩小字体、语焉不详等方式虚假宣传、揽客组团,不得欺骗、变相欺骗和误导诱导学生研学团队。对无故出现实际活动安排与合同约定计划严重不符或有虚假宣传欺诈行为的承办机构,相关部门会从严处理。

4.倡导文明出行

武夷山有着无与伦比的生态人文资源,作为世界文化与自然双重遗产地、首批国家公园以及闽越王城国家考古遗址公园,它依托丰富的文化底蕴与自然资源,积极开展朱子文化、红色文化、茶文化、闽越文化、生物多样性等主题研学活动。通过这些活动,能够有效激发参与者的求知欲,切实提升其研学旅行的收获感与体验感。

同时,引导广大学生在研学旅行过程中要遵守文明旅游相关规定和要求,树立文明出行意识,遵守公共秩序,保护生态环境,保护文物古迹,展现学生良好精神风貌。

(资料来源:武夷山市人民政府网。)

二、研学旅行安全管理的特征

（一）预防性

研学旅行安全事故发生前总会表现出一定的先兆,加强对先兆信息的监管和控制可以预防安全事故的发生或降低其造成的负面影响。研学旅行管理部门应在可能发生人身伤害、设备或设施损坏和环境破坏的场所,通过有效的管理和技术手段,减少和防止人的不安全行为和物的不安全状态,保障研学旅行参与者的人身和财物安全。

（二）应急性

研学旅行安全事故具有突然爆发、状态紧急的特性,旅游业的敏感性特征又加速了研学旅行安全事故的传播和蔓延。因此,研学旅行安全管理的决策者在面对事故时,应对和处理的时间十分紧迫,任何延迟都可能会造成更大的损失,因此必须迅速做出正确决策,并制定应对措施,尽快控制事态的进一步恶化,化解并消除事故带来的负面影响。

（三）强制性

研学旅行安全管理主要依托法律和行政手段,凭借公共权力开展工作,而公共权力的行使通常具有强制性特征。由于研学旅行安全管理面对的多是紧急且具有危害性的事件,在一些特殊情形下,必须采取强制管理措施,对相关人员的意愿和行为进行管控,使人员活动、行为符合安全管理规范,以此降低风险可能造成的损害。

（四）开放性

研学旅行安全管理是面向社会的,其外部环境是开放的、非竞争的,以及相互配合的。当研学旅行安全事故出现的时候,如果组织动员得当,研学目的地、研学旅行管理部门、行业协会、企业员工以及其他部门和人员都会迅速响应,积极联动,形成合力以共同化解风险。

（五）综合性

旅游业是一个综合性的产业,涉及的相关行业和人员众多,而研学旅行安全事故具有复杂性与不确定性,其发生的时间、地点及造成的影响都难以预知。因此,应建立一个负责综合协调的研学旅行安全管理机构,通过这个机构协调相关安全管理部门之间的关系,并统一领导安全事故的应急处理和救援工作。

三、研学旅行安全管理的目标

（一）确保学生安全与健康

将学生的生命安全置于首位,制定周密的安全保障措施和应急预案,预防安全事故的发生,确保学生在研学旅行过程中的生命安全和身体健康。同时,教育学生掌握基本的安全知识和自我保护技能,培养他们的安全意识,以应对可能发生的紧急情况。

（二）提升研学旅行教育效果

注重研学旅行的教育价值,结合学生的年龄特点和认知水平,设计科学合理的研学课程,提升研学旅行的教育效果。通过实地考察、互动体验等方式,激发学生的学习兴趣,培养他们的实践能力和创新思维。

（三）优化资源配置

充分利用各类教育资源,实现资源共享和优势互补,提高研学旅行的性价比,确保资源的有效利用和优化配置。通过与教育机构、旅游企业等开展合作,共同开发高质量的研学旅行产品,满足不同学生的需求。

（四）维护市场秩序和消费者权益

加强对研学旅行市场的监管,打击违法违规行为,维护市场秩序,保护消费者权益,推动研学旅行市场的健康发展。建立完善的投诉和反馈机制,及时解决消费者在研学旅行过程中遇到的问题。

（五）确保研学活动顺利进行

制定详细的研学活动方案,明确活动的负责人、路线、交通工具、餐饮、保险等细节,加强与各方沟通和协调,确保研学旅行活动的顺利进行。同时,建立有效的信息反馈和应急处理机制,确保在遇到突发情况时能够迅速做出反应。

（六）强化应急处理能力

在研学旅行过程中,设立安全警示标志,实行现场安全管理措施,定期组织应急演练,提高应急处理能力,确保在紧急情况下能够迅速、有效地应对。通过模拟各种可能发生的紧急情况,训练学生和工作人员的应急反应能力,降低意外事件带来的风险。

四、研学旅行安全管理的原则

中小学校或教育部门在组织中小学生开展研学旅行过程中,要确保中小学生身心健康及财产不受威胁,这就需要通过预防措施开展安全风险管理,把研学旅行中的安全隐患有效降低,这样有利于研学旅行主办方做出正确的决策,有利于保障学生在研学旅行中的安全,有利于提高社会和家长对研学旅行的认可度。研学旅行监管部门有效开展监管,研学旅行主办方有效开展工作,对不断推动我国研学旅行发展都具有重要意义。研学旅行安全管理的基本原则是安全第一,预防为主,保障充分,教育有力。

(一)坚持安全第一原则

教育部在《关于推进中小学生研学旅行的意见》中明确提出研学旅行应坚持安全第一原则。作为研学旅行安全管理的首要原则,安全理念应贯穿研学旅行活动全过程中,安全工作需要联动各方统一协调。当研学活动与安全有冲突时必须以安全为重,宁可放弃既定研学活动,也不危害师生安全。

(二)坚持预防为主原则

安全管理是保证研学旅行学生安全的重要手段,对研学旅行主办方承办方和供应方进行科学有效决策、合理配置资源具有重要作用。对研学旅行的安全管理,应防患于未然,要尽量发现和排除不安全的因素,要预见研学活动过程中的安全隐患,防微杜渐,避免危害发生乃至扩大化。

(三)坚持保障充分原则

在研学旅行课程开发、活动策划和线路设计中,要坚持保障充分原则。一方面,强化组织管理、资金投入、安全防护、内容供给等核心环节的支撑力度,例如完善组织架构、确保经费充足、优化出行安全方案、整合优质教育资源;另一方面,构建系统性保障体系,通过健全中小学生研学旅行法规制度,落实安全检查表制度,建立多部门紧急联动机制等举措,实现多方协同、闭环管理,为研学活动的规范有序开展筑牢安全防线。

(四)坚持教育有利原则

开展研学旅行安全教育,需强化针对性的安全引导、警示与提醒工作,帮助学生树立集体意识,强化"一切行动听指挥"的观念。在研学旅行课程的研发阶段,应采取理论与实践相结合的方式设置安全教育课程内容,尽可能杜绝安全事故的发生。在研学旅行结束后,需要对研学旅行中发生的安全事故进行复盘,深入总结经验教训,分析事故原因并进行深刻反思,尽量避免同类事故再次发生。

课后练习

1.研学旅行安全事故发生的原因有哪些?

2.研学旅行安全管理的目标是什么?

3.研学旅行安全管理的原则是什么?

任务三　研学旅行安全管理发展趋势与展望

任务导入

基于定位技术的研学旅行安全预警系统：为青少年探索之旅保驾护航

在这个科技日新月异的时代，教育方式也在不断创新和发展。为了更好地培养学生的综合素质和实践能力，研学旅行作为一种重要的教育形式越来越受到学校和社会各界的关注。在组织这类活动时，确保参与者的安全始终是首要考虑的问题。一款基于先进定位技术的研学安全预警系统应运而生，旨在为青少年的探索之旅提供全方位的安全保障。

1. 创新技术，守护每一步

研学定位系统采用了全球领先的 GPS 定位技术和移动互联网技术，能够实时监测每一位参与者的位置信息，并通过智能算法分析潜在风险点，提前发出预警信号。这意味着一旦学生偏离预定路线或遇到紧急情况，系统能够立即响应并启动应急预案，大大提高了应对突发状况的能力。

2. 家长与教师的安心之选

除了对学生进行实时保护外，该系统还特别设计了家长端和教师端应用程序，让家长们可以随时随地查看孩子的行踪，了解他们的安全状况；教师则可以通过平台快速获取所有参与者的动态信息，便于管理和调度。这种透明化的沟通机制不仅增强了家校之间的信任，也让每一次研学旅行变得更加安心可靠。

3. 实战检验，成效显著

自投入使用以来，这套基于定位技术的安全预警系统已经在多个城市的中小学校中得到了广泛应用，并取得了良好效果。初步统计显示，使用该系统的研学团队遭遇意外事件的概率较以往明显降低，家长满意度大幅提升。

4. 未来展望

随着科技的进步和社会需求的变化，这套安全预警系统还将不断优化升级，引入更多智能化功能和服务，如健康监测、紧急求助等，力求全方位提升研学旅行的质量和水平。我们期待着在未来，每一位青少年都能在这样的技术支持下，勇敢地踏上探索之旅，收获知识与成长。

通过将先进的定位技术与教育实践相结合，我们正逐步构建起一个更加安全、高效的学习环境。这不仅是对孩子们负责的表现，也是对未来负责任的态度。

（资料来源：《基于定位技术的研学旅行安全预警系统构建》。）

任务解析

基于定位技术的研学旅行安全预警系统在提升安全保障能力方面具有显著优势，为家校提供透明化的沟通机制，便于管理和调度。随着科技的进步和社会需求的变化，研学安全管理智能化系统将不断优化升级。

任务重点

(1)掌握研学旅行安全管理技术创新与应用，提高应对突发状况的能力。

(2)了解智能化功能的引入对提升研学旅行质量和水平的帮助。

任务难点

(1)了解研学旅行安全管理技术普及资金投入情况。

(2)掌握家校共同构建安全、高效的研学旅行管理协同机制的方法。

(3)明确研学旅行安全管理需要政策与标准的完善来推动行业规范化发展。

任务实施

研学旅行作为"教育＋旅游"的新业态，近年来呈现出强劲的增长势头。随着市场规模的扩大和竞争的加剧，研学旅行的安全管理将成为行业发展的重中之重。未来研学旅行安全管理将呈现制度完善化、科技化、专业化、家校合作化、个性化、定制化，以及国际化等发展趋势。这些趋势将共同推动研学旅行行业的健康发展，为广大学生提供更加安全、有趣、富有教育意义的研学旅行体验。

一、研学旅行安全管理发展趋势

（一）安全管理制度化与标准化

自2016年教育部等11部门联合发布《关于推进中小学生研学旅行的意见》后，研学旅行行业更加注重安全管理制度化与标准化。政府逐步加强了对研学旅行市场的监管力度，推动制定一系列行业标准和规范，如研学旅行承办机构的资质认证和评级制度、研学旅行服务规范等，以提升行业的整体水平和质量。研学旅行企业积极响应政策要求，建立健全的安全管理制度与应急预案体系，确保学生在研学过程中的安全。

（二）科技手段的广泛应用

随着科技的不断发展，未来研学旅行安全管理中将更多地应用科技手段。例如，利用GPS定位、监控设备、直播平台等先进的科技产品，实时跟踪学生的位置和动态，确保他们的安全。利用移动端APP或小程序，方便家长、教师和承办方实时了解活动进展。此外，虚拟现实（VR）、增强现实（AR）等技术也将被广泛应用于研学旅行产品

Note

中,提升产品的体验性和互动性,同时降低实际活动中的安全风险。

(三)专业化服务队伍的建设

专业化的服务队伍是实现安全研学的基本保障。研学旅行企业将更加注重服务队伍的建设,配备专业的研学导师、安全员、辅导员等。这些人员将接受系统的安全培训,掌握应急处理能力和安全操作技能,以确保在研学过程中能够及时应对各种突发情况。

(四)家校合作与社会共治

研学旅行的安全管理将更加注重家校合作与社会共治。学校将与家长建立紧密的沟通机制,共同关注学生的安全状况。同时,研学旅行企业也将积极寻求与社会各界的合作,如与保险公司合作提供全面的安全保障与意外保险服务,与当地政府、警察局等机构建立联系机制,确保在紧急情况下能够得到迅速支援。

(五)个性化与定制化安全服务

随着消费者需求的多样化,未来研学旅行企业将更加注重提供个性化和定制化的安全服务。例如,将安全教育纳入学校课程体系,培养学生的安全意识和自我保护能力,通过模拟演练、案例分析等方式,提高学生的应急处理能力。针对不同年龄段、不同兴趣爱好的学生,推出更具针对性的研学产品和服务,同时根据具体的安全需求制定个性化的安全保障方案,以满足不同客户群体的需求。

(六)国际化安全标准的引入与借鉴

在全球化背景下,未来研学旅行企业将积极拓展国际市场,提供跨文化体验的研学旅行产品。同时,他们也将积极引入和借鉴国际先进的安全标准和经验,以提升自身的安全管理水平。例如,学习国外研学旅行企业在安全管理方面的先进做法和技术手段,加强与国际知名教育机构、博物馆等的合作与交流。

二、研学旅行安全管理展望

(一)完善法律法规,提升监管力度

为了确保研学旅行的安全与顺利进行,必须构建完善的法律法规体系,明确各方职责与义务,规范组织与实施过程,确保研学旅行组织方、学校、家长等严格履行其职责,共同为研学旅行的安全提供有力保障。

制定专门的法规是研学旅行安全管理的基础。针对研学旅行的特点和需求,应制定专门的法律法规,明确研学旅行组织方、学校、家长等在研学旅行中的职责和义务。通过立法手段,可以规范研学旅行的组织与实施过程,确保各项安全措施得到有效执行。

强化监管责任是确保研学旅行安全的关键。建立健全监管机制,对研学旅行组织方、学校、家长等进行定期检查和监督,确保其履行相关职责。加大对研学旅行安全管理的监督力度,及时发现并纠正存在的安全问题。

加大处罚力度是提升安全管理有效性的重要手段。对违反研学旅行安全管理规定的行为,应依法依规进行严厉处罚,以起到震慑作用。通过加大处罚力度,可以提高安全管理的威慑力,促使各方更加自觉地遵守相关法律法规。

(二)加强技术研发,提高预警能力

1.研发安全管理系统

针对研学旅行的特点和需求,开发一套完善的安全管理系统至关重要。该系统应具备信息实时共享、风险预警和应急处置等功能,以提高安全管理效率。通过引入先进的科技手段,如大数据、人工智能等,深度分析研学旅行过程中收集到的数据,可以实现对潜在风险的精准识别和预测。在此基础上,及时采取措施进行防范和化解,降低安全风险带来的损失。

2.引入智能装备

利用智能手环、定位仪等智能装备,对参与者进行实时定位和监控,是提升安全预警和应急反应能力的有效手段。这些智能装备可以实时监测参与者的生理状况、运动轨迹等信息,一旦发现异常立即发出警报。通过智能装备的辅助,可以实现对研学旅行过程的全程监控和精准管理,确保参与者的安全。

3.建立风险数据库

为了实现对研学旅行风险的全面掌控和有效应对,建立研学旅行风险数据库显得尤为重要。通过收集、整理和分析各类风险数据,可以为安全管理和决策提供有力支持。如通过分析历史数据,可以揭示出潜在风险的分布规律和变化趋势,为制定风险应对策略提供科学依据。通过加强风险数据库的建设和维护,可以实现对风险的持续监测和预警,确保研学旅行的顺利进行。

(三)推广成功经验,促进行业交流

在研学旅行领域,安全始终是第一要务。为了确保青少年在研学旅行中既能够学到知识,又能够保障他们的安全,教育部、文化和旅游部等相关部门在行业内开展广泛而深入的交流,以推广成功的研学旅行安全管理经验,促进研学旅行行业的健康发展。

1.召开研讨会

召开研讨会是推广研学旅行安全管理成功经验的重要途径。通过组织专家、学者和业内人士共同探讨和研究安全管理问题,可以集思广益,形成更为全面和深入的安全管理策略。研讨会还可以为行业提供一个分享和借鉴成功案例的平台,推动行业交流和发展。

2.分享典型案例

分享典型案例可以为其他学校提供有益的参考和借鉴,帮助他们更好地制定和执行安全管理策略。通过分享典型案例,还可以提高公众对研学旅行安全管理的关注度和重视程度,加强社会各界对研学旅行的支持和参与。

3.建立合作机制

建立合作机制则是加强不同地区、不同行业之间的合作与交流,共同推动研学旅行安全管理水平的提高。通过建立合作机制,可以实现资源共享、优势互补,提高行业整体的安全管理水平。这种合作机制还可以促进跨界融合,为研学旅行行业注入新的活力和动力。

(四)培养专业人才,夯实发展基础

研学旅行安全管理作为研学旅行领域的重要组成部分,其专业性和技术性日益受到重视。为了夯实研学旅行安全管理的基石,必须注重专业人才的培养和引进。

1.设置专业课程是首要任务

针对研学旅行安全管理领域的特点和需求,高校或职业院校应开设相应的专业课程,如研学旅行安全管理概论、学生行为分析与应对策略、紧急救护与应急处理、旅游保险与风险防范等。这些课程旨在培养具备专业技能和知识的人才,使他们能够在实践中胜任研学旅行安全管理的重任。

2.建立培训体系是关键环节

为确保研学旅行安全管理人员的素质和能力,必须建立科学、有效的培训体系。该体系应包括理论学习与实践操作两个方面,注重培养学员的实际操作能力。通过定期培训和考核,从业人员不断更新知识、提高技能,以适应研学旅行领域的发展需求。

3.积极引进优秀人才是必要补充

通过提供优厚的薪酬待遇、完善的职业发展路径和良好的工作环境,吸引更多优秀人才投身研学旅行安全管理领域。这些优秀人才的加入将带来先进的管理理念和技术,为研学旅行安全管理发展提供有力支持。

课后练习

1.哪些做法可以为研学旅行安全管理和决策提供有力支持?

2.研学旅行中的第一要务是什么?

3.请简述研学旅行安全管理发展趋势。

拓展阅读

云南中小学生寒暑假研学实践教育活动规范发布

在研学活动实施过程中,中小学校自行组织研学活动时,要坚持安全第一,强化安全教育和保险意识,做到"活动有方案,行前有备案,应急有预案",按管理权限报属地教育部门备案,并加强学生和教师的研学旅行事前安全培训、事中管理和事后考核。学校委托开展研学旅行时,要与有资质、信誉好的委托企业或机构签订协议书,明确委托企业和机构承担学生研学旅行安全责任。

学校和教师不得为企业或社会机构自行组织的"研学""游学"等活动进行广告宣传、不得组织企业或社会机构进校园宣传、不得开展以营利为目的的经营性创收、不得组织学生到缺乏教育意义、单纯游玩场所等开展研学实践教育活动、严禁组织学生参加不利于身心健康发展的实践活动。

研学中这些潜藏的风险需要注意:防范以公益为幌子的"支教研学""助学"活动,以及以"研学""游学"活动为名义违规开展学科类培训活动并变相收取补课费;正确区分教育部门、学校组织的研学实践活动和社会上以"研学""游学""夏令营""冬令营""素质拓展"等名义组织的活动;要理性看待、慎重选择由企业或社会机构自行组织的"游学""名校游""冬令营"等;要从资质信誉、日程安排、安全保障、生活服务等多方面甄别,警惕虚假宣传、收费陷阱等,避免盲目跟风;如遇高价低质、阴阳合同、名不副实等情况要积极投诉举报,维护自身权益。

(《资料来源:昆明日报《云南中小学生寒暑假研学实践教育活动规范发布》。)

项目小结

本项目围绕研学旅行安全管理体系展开系统化构建,涵盖安全理念、管理机制及发展趋势三大维度。知识目标聚焦安全管理概念、事故诱因及防控特征;能力目标强调安全理念实践转化与新技术应用;素养目标注重责任意识与团队协作,通过制度规范明确多方职责实现全流程管控。发展趋势强调标准化、家校共治及国际化标准融合,最终形成覆盖行前排查、行中监控、行后优化的闭环机制,为研学活动提供坚实保障。

能力训练

某学校组织学生前往自然景区进行研学旅行,但在活动中发生了学生滑倒受伤的事故。事后调查显示,学校未提前进行充分的安全风险评估,且现场缺乏有效的应急处理措施。

1. 请分析此次事件的主要原因。

2. 针对此类事件,学校应如何改进安全管理措施?

3. 结合未来发展趋势,提出智能化安全管理的具体建议。

项目二
研学旅行安全风险识别与评估

学习目标

知识目标

（1）全面了解研学旅行中可能遇到的各种安全风险。

（2）掌握风险识别与评估的基本理论和方法。

（3）熟悉研学旅行安全管理的相关法律法规、政策文件和标准规范在风险识别与评估中的应用。

能力目标

（1）对研学旅行中的安全风险进行科学识别与评估，制定有效的风险防控措施。

（2）能够灵活应对各种突发情况。

素养目标

（1）始终将学生安全放在首位，确保研学旅行的安全进行。

（2）增强责任感和使命感，确保研学活动的教育效果和安全保障。

思维导图

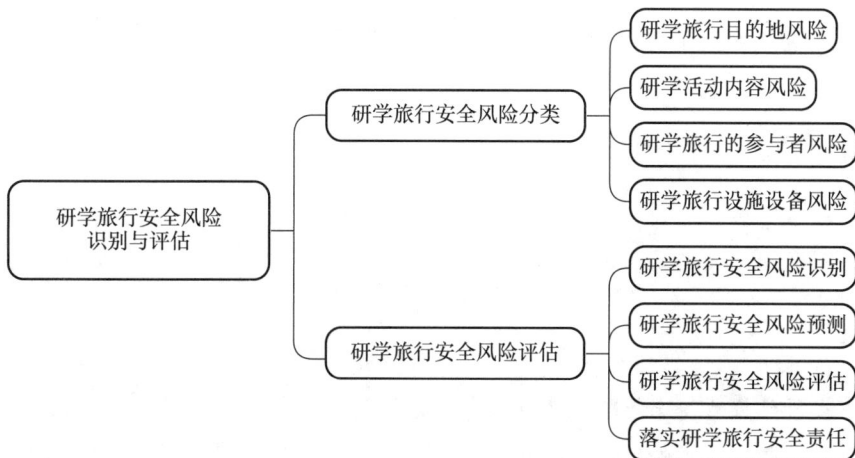

《青少年研学游风险管理》（Managing Risk for Youth and School Trips, ISO 31031）

研学旅行安全风险识别与评估 → 制定研学旅行安全风险应急预案 → 研学旅行安全应急预案的要求 / 研学旅行安全应急预案的基本内容 / 研学旅行应急预案编写程序

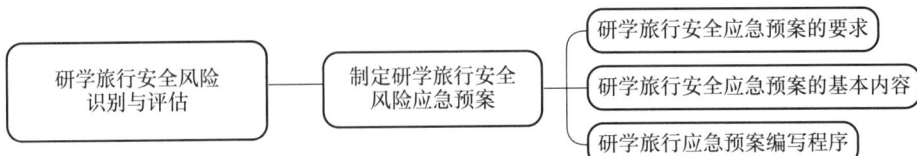

任务一　研学旅行安全风险分类

任务导入

某校组织学生前往研学基地进行为期三天的研学旅行。活动期间，学生在基地住宿并参与各类实践课程。然而，研学过程中发生了两起安全事件：一是因电器短路引发火灾，二是学生在途中突发哮喘。

1. 事件一：火灾事故

学生在研学基地住宿的第一天晚上，宿舍内因电器设备老化导致短路，引发火灾。火势迅速蔓延，烟雾弥漫。所幸带队老师和基地工作人员及时发现火情，迅速组织学生疏散。由于平时进行过消防演练，学生们有序撤离，未造成人员伤亡。消防人员赶到后，火势被控制。

2. 事件二：突发事故

在第二天的研学活动中，一名学生在户外实践时突然感到呼吸困难，随后哮喘发作。由于该学生未随身携带药物，情况十分危急。带队老师立即联系基地医务人员，并拨打急救电话。学生被迅速送往附近医院救治，最终脱离危险。

任务解析

案例反映出研学旅行过程中存在各种类型的安全风险，因此要做好风险评估及应急预案。

任务重点

（1）掌握研学旅行安全风险的分类。
（2）识别研学活动中的潜在风险。

任务难点

（1）掌握研学旅行安全风险的多样性与复杂性。
（2）应对风险的动态性、复杂性和多方协作的挑战。

Note

任务实施

　　风险管理概念源自18世纪,法国"经营管理之父"亨利·法约尔是将风险管理纳入企业管理范畴的先驱。风险管理理论是一个逐步发展和完善的过程,其体系涵盖多个学科和实践领域,其核心在于通过一系列步骤来识别、分析和应对潜在的风险,以降低组织或个人面临的损失。研学旅行安全管理,是通过持续的风险识别,采取科学的方法和措施,把研学旅行过程中人的伤害和物的损失风险降低,并保持在可接受的水平以下的一系列计划、组织、协调和控制活动。研学安全风险识别需构建"数据支撑＋经验辅助＋动态验证"三位一体体系。行前阶段,应系统梳理安全风险管理历史数据,详细核查参与人员体检报告、教学工具及食材质检报告,同时对标最新政策法规要求。针对课程设计中的关键环节,必须开展实地勘查,通过模拟场景演练识别潜在风险;此外,还可积极借鉴行业专家的专业意见与其他组织者的实践经验,从多维度完善风险识别框架。最终形成"事前预防—事中控制—事后改进"的全流程闭环管理机制,确保风险排查无盲区、防控措施精准高效。

一、研学旅行目的地风险

(一)自然灾害风险

　　(1)在选择研学旅行的目的地时,首先需要评估该地的地理环境和气候条件,着重排查地震、洪水、台风、泥石流等自然灾害隐患。这一关键环节是确保学生安全的重要前提,能够有效规避潜在风险,为研学活动的顺利开展奠定坚实基础。

　　(2)通过分析历史数据,可以对目的地自然灾害的发生频率和严重程度有一个清晰的认识,以预测未来可能发生的灾害,并为制定应对措施提供依据。

　　(3)基于以上分析,制定相应的应急预案。应急预案内容包括明确疏散路线、确定避难所位置等关键信息,确保在自然灾害发生时,能够迅速有效地组织学生进行安全撤离。

(二)社会治安风险

　　(1)在选择研学旅行目的地时,了解当地社会治安状况是防范治安风险的首要环节。需重点关注犯罪率、暴力事件发生率等关键指标,通过对这些信息的分析评估,预判学生在当地可能面临的各类治安风险。

　　(2)评估可能遇到的治安风险,如抢劫、盗窃等,采取预防措施,确保学生的个人安全。

　　(3)与当地警方建立联系,确保在紧急情况下能够得到及时支援。这一步骤对于保障学生在遇到治安问题时能够得到快速响应至关重要。

（三）交通安全风险

（1）评估目的地的交通状况，包括道路质量、交通拥堵情况等，有助于选择最佳的出行时间和研学旅行路线，减少交通风险。

（2）选择可靠的交通工具和司机，确保车辆安全性能良好，是保障学生交通安全的关键。

（3）制定乘车安全、行为安全等交通安全规定，并对学生进行交通安全教育，确保他们了解并遵守相关规则。

（四）住宿安全风险

（1）检查住宿场所的安全设施，如消防设施、逃生通道等，确保学生住宿安全。

（2）了解住宿场所的卫生条件和服务质量，包括对住宿场所的卫生状况进行评估，以及对服务质量进行监督。

（3）选择合适的住宿地点，确保住宿地点便于管理和监督，减少安全隐患，并制定相应的管理措施。

（五）食品安全风险

（1）了解目的地的饮食文化和卫生习惯，预防食品安全风险。

（2）选择卫生条件良好的餐饮场所，确保食品新鲜、安全，对餐饮场所进行评估，并选择符合卫生标准的场所。

（3）避免选择过于生冷或易过敏的食物，以防学生出现身体不适。对学生进行食品安全教育，让学生了解哪些食物可能存在风险。

二、研学活动内容风险

（一）活动性质风险

（1）在评估研学活动风险时，首要步骤是深入分析活动的性质，例如户外探险、科学实验、文化交流等不同类型。通过明确活动性质，我们能够更精准地预判可能面临的风险类型，从而为后续的风险防范与管理提供重要依据。

（2）评估活动本身可能带来的风险，如户外探险中的迷路、受伤等，是确保学生安全的重要环节。

（3）根据活动性质制定相应的安全措施和应急预案，包括制定安全操作规程、提供安全培训等，是预防和应对活动风险的有效方法。

（二）设施设备风险

（1）检查研学活动所需的设施设备，如实验器材、运动器材等，对所有设备进行彻底检查，确保它们符合安全标准。

（2）确保设施设备符合安全标准，无损坏或老化现象，是预防设备故障和事故的关键。

（3）制订详细的培训计划，对学生进行设施设备使用培训和实际操作指导，确保他们正确使用并了解安全操作规程，预防使用不当而导致事故发生。

（三）人员风险

（1）评估带队教师和工作人员的安全意识和应急处理能力，确保研学活动顺利进行。

（2）对教师和工作人员进行专业的急救和应急处理培训，确保带队教师具备急救知识、熟悉紧急联络程序等应急处理能力，以预防和应对突发事件。

（3）对带队教师和工作人员进行安全培训和教育，提高他们的安全意识，并对培训效果进行评估。

（四）环境风险

（1）对活动地点进行全面的环境评估，了解研学活动地点的环境状况，如地形、气候等，是评估环境风险的前提。

（2）评估环境因素可能带来的风险，如高温中暑、寒冷冻伤等，根据环境状况制定相应的防护措施。

（3）根据环境状况制定相应的防护措施和应急预案，包括制定环境适应指南、提供必要的防护装备，是确保学生在不同环境下都能保持安全的有效方法。

（五）文化冲突风险

（1）对目的地的文化背景进行深入研究，评估研学活动可能涉及的文化差异和冲突，以预防文化冲突风险。

（2）制订文化教育计划，并对学生进行文化差异的教育，提高他们的文化敏锐度和包容性，是减少文化冲突的有效方法。

（3）制订详细的文化交流计划，并与当地社区进行积极的沟通和合作，如与当地社区建立联系、了解当地风俗习惯等，准备应对文化冲突的策略和措施，是确保研学活动顺利进行的重要保障。

三、研学旅行的参与者风险

研学旅行的参与人员风险分析是确保活动安全、顺利进行的关键环节。研学旅行的参与人员风险评估涉及多个方面，包括学生、带队教师与工作人员以及外部合作人员等。通过全面、细致的评估工作，可以及时发现并解决潜在的安全隐患，为研学旅行的顺利进行提供有力的保障。对研学旅行参与人员风险评估分析可从以下方面开展。

（一）学生风险评估

1. 身体条件与健康状况

（1）评估学生的身体状况,了解他们是否有特殊疾病或是过敏体质,对学生的身体素质进行详细了解,确保他们能够适应研学活动的强度和环境要求。

（2）询问学生的健康状况,特别是近期是否有生病或受伤情况,以便及时发现潜在的健康问题,防止在活动中出现健康风险。

（3）提醒学生注意个人卫生,预防疾病传播,教育和指导学生了解个人卫生的重要性,并采取相应的预防措施。

2. 心理素质与行为特点

（1）评估学生的心理素质,包括抗压能力、情绪管理能力等,通过心理测试和观察,了解学生在面对压力和挑战时的应对策略。

（2）了解学生的行为特点,如是否好动、易冲动等,这有助于教师在活动中更好地引导学生,确保活动的顺利进行。

（3）对学生进行心理健康教育,提高他们的心理适应能力,通过讲座、讨论等形式,增强学生的心理韧性,帮助他们更好地适应研学活动中的各种情况。

3. 安全意识与应急能力

（1）评估学生的安全意识,如交通安全、食品安全、住宿安全等,通过教育和培训,让学生了解在研学活动中应如何保护自己,避免安全事故的发生。

（2）教授学生基本的应急处理技能,如急救知识、逃生方法等,学生通过模拟演练和实际操作,掌握必要的应急技能。

（3）组织学生进行安全演练,提高他们的应急反应能力,定期的安全演练能让学生在实践中学习如何在紧急情况下保持冷静,迅速有效地采取行动。

（二）带队教师与工作人员风险评估

1. 专业能力与职业素养

（1）对带队教师和工作人员所掌握的学科知识、活动组织能力以及在相关领域的专业技能等能力进行细致的评估。

（2）深入了解带队教师和工作人员的责任心、耐心、敬业精神,以及对待工作的态度和方式。

（3）为了提升带队教师和工作人员的综合素质,组织定期的专业培训,使其及时掌握最新的教育理念和实践方法。

2. 安全意识与应急处理能力

（1）对带队教师和工作人员的安全意识进行评估,确保他们熟悉安全预案,并能够正确、迅速地应对各种突发事件。

（2）检查带队教师和工作人员是否掌握基本的急救知识，以及是否具备应对紧急情况的应急处理能力。

（3）通过组织安全培训和应急演练，增强带队教师和工作人员的应急反应能力，确保在真实情况下能够有效地保护学生安全。

3. 身体状况与心理素质

（1）对带队教师和工作人员的身体状况进行评估，确保他们具备良好的体能和健康状况，能够适应研学旅行中可能遇到的身体挑战。

（2）了解带队教师和工作人员的心理素质，包括抗压能力、情绪管理能力，以及在压力下保持冷静的能力。

（3）提醒并指导带队教师和工作人员注意休息，采取适当的放松和减压措施，以保持良好的身体和心理状态，从而更好地完成研学旅行的带队任务。

（三）外部合作人员风险评估（如导游、研学机构人员等）

1. 资质与信誉

（1）核查外部合作人员的资质证书，如导游证、研学机构工作证等，确保他们具备合法的从业资格。

（2）了解外部合作人员的信誉情况，包括过往的工作表现、客户评价，以及是否有不良记录或投诉等，以此来评估其职业操守和可靠性。

2. 服务态度与专业能力

（1）评估外部合作人员的服务态度，观察他们是否热情、耐心，是否能够以积极的态度对待工作中的各种情况。

（2）了解外部合作人员的专业能力，包括是否熟悉研学目的地的文化背景、历史知识，以及是否能够提供高质量的研学服务，确保研学活动的教育效果和体验质量。

3. 安全意识与应急处理能力

（1）评估外部合作人员的安全意识，了解他们是否充分了解研学旅行的安全要求，是否能够在活动中严格遵守安全规范，以及能否正确应对突发事件，保障参与者的安全。

（2）检查外部合作人员是否具备基本的急救知识和应急处理能力，包括是否掌握急救技能、是否了解紧急疏散流程等，以便在紧急情况下能够迅速有效地采取措施。

四、研学旅行设施设备风险

研学旅行设施设备风险是影响研学旅行安全的一个至关重要的环节，它直接关系到学生的安全和研学活动的顺利进行。研学旅行设施设备风险分析是一个复杂而细致的工作，需要各方共同努力，确保设施设备的安全运行，为学生的研学旅行提供有力保障。

研学旅行设施设备是研学旅行中不可或缺的一部分,它们为学生提供了学习、实践和体验的平台。然而,如果设施设备存在安全隐患,将严重威胁学生的安全和健康。因此,对设施设备进行风险评估,及时发现并消除安全隐患,是确保研学旅行安全的关键。

（一）结构稳定性

（1）检查设施设备的结构是否牢固,是否存在开裂、变形等安全隐患。包括对设备的主体框架、支撑结构以及连接部位进行细致的检查,确保所有部件均处于良好的工作状态,没有明显的磨损或损坏迹象。

（2）评估设施设备在极端天气条件(如大风、暴雨等)下的稳定性,模拟或预测这些极端天气对设备可能产生的影响,确保设备在这些条件下仍能保持其功能和结构的完整。

（二）电器安全

（1）检查设施设备的电线、插座等电器部件是否老化、破损,是否存在漏电风险。特别注意对所有电器连接点进行检查,确保没有裸露的电线,所有的插座和开关都符合安全标准。

（2）评估电器设备的接地保护、过载保护等安全措施是否有效。检查电器设备是否配备了必要的保护装置,如漏电断路器、过载保护器等,并确保这些装置能够正常工作。

（三）消防安全

（1）检查设施设备区域是否配备足够的消防设备,如灭火器、消防栓等,对消防设备的数量、类型和分布情况进行评估,确保它们能够满足紧急情况下的需求。

（2）评估消防设施的布局是否合理,是否方便学生在紧急情况下使用。需要考虑消防设备的可达性和可见性,确保在紧急情况下,学生能够迅速找到并使用这些设备。

（3）检查消防通道是否畅通无阻,是否存在被堵塞的风险。对消防通道进行定期检查,确保没有任何障碍物阻碍通道,以便在紧急情况下能够快速疏散人群。

（四）卫生安全

（1）检查设施设备区域的卫生设施(如洗手间、淋浴间等)是否清洁到位。这需要对卫生设施进行彻底的清洁检查,确保没有污垢和细菌的积聚,以维持环境的卫生和安全。

（2）评估床上用品、毛巾等物品的清洁度和更换频率。这涉及对床上用品和毛巾等物品的洗涤和更换流程的检查,确保它们定期被清洗并符合卫生标准。

（3）检查是否存在卫生死角,如墙角、床底等难以清洁的区域。这需要对设施设备区域的每个角落进行检查,确保没有被忽略的区域,防止细菌和污垢的积累。

(五)功能性

(1)检查设施设备的功能是否满足研学活动的需求,如教学设备、实验器材等。这需要评估设备是否能够支持预期的活动,是否具备必要的功能和性能。

(2)评估设施设备的使用是否方便,是否易于学生操作和维护。这涉及对设备的用户界面和操作流程的评估,确保设备既安全又易于使用,同时考虑维护的便捷性。

课后练习

1.研学活动开始前需要评估带队教师和工作人员的哪些条件?

2.在选择研学旅行的目的地时需要特别注意哪些问题?

任务二　研学旅行安全风险评估

任务导入

某中学于2024年5月15日至5月17日,组织50名14—16岁的学生,联合5名教师、2名导游及1名安全员,前往青龙山地质公园及周边山区,开展为期三天两晚的"探索自然"地质研学旅行。活动涵盖地质考察、徒步登山、野外露营、团队拓展等项目。请评估该研学活动存在的安全风险。

任务解析

研学旅行开始前要进行历史数据分析、实地考察,系统梳理潜在风险(如自然环境、交通安全、学生行为等)。

任务重点

(1)能结合安全风险可能性及后果严重性,熟悉风险等级(高/中/低)划分并制定应对策略。

(2)明确学校、旅行社、家长等多方主体的法律责任(如安全协议签署、保险购买等)。

任务难点

研学活动中风险可能随时变化,需根据具体情况快速调整应对。

任务实施

一、研学旅行安全风险识别

在研学旅行活动的筹备阶段,对可能出现的各种风险进行细致的识别和深入的分析是至关重要的。组织者应当对不同类型的风险进行详尽的分类,包括确定研学旅行活动目的地,以及研学旅行过程中哪些区域或部分可能成为潜在的危险源,分析这些危险源的性质、危害程度、当前状况、可能的转化条件,以及它们转化为突发事件的规律。为了更直观地展示研学旅行中的安全隐患,可以制作一份安全风险综合分析表(见表2-1),清晰地呈现研学旅行中可能遇到的安全问题。

表 2-1　安全风险综合分析表

	危险源	哪里有风险
风险识别	危险性质	具体有什么风险
	危害程度	高、中、低
	存在状况	目前现状
风险分析	转化条件	外在诱因
	危险源转化为突发事件的过程规律	过去、现在、未来
风险评估(高、中、低)	发生危害可能性值	高、中、低
	发生危害风险值	高、中、低

二、研学旅行安全风险预测

研学旅行安全风险预测需要综合考虑交通安全、自然灾害、突发疾病、活动安全以及社交和心理安全等多个方面。通过全面的风险评估和制定相应的预防和应对措施,可以最大限度地保障学生的安全。

(一)交通安全风险

在研学旅行中,交通安全是首要考虑的风险因素。预测交通安全风险时,需关注交通工具的选择、司机的资质、车辆的安全状况,以及行车路线的规划等方面。应确保交通工具具备合法运营资质,司机经验丰富且遵守交通规则,车辆经过安全检查并处于良好状态,同时规划合理的行车路线,避免交通拥堵和在危险路段行驶。

(二)自然灾害风险

自然灾害如暴雨、台风、地震等可能对研学旅行造成严重影响。预测自然灾害风险时,需关注目的地的天气状况和自然灾害历史记录。应提前了解天气预报,制定应对恶劣天气的预案,如准备雨具、调整行程等。同时,了解目的地的自然灾害类型和应对方法,确保在自然灾害发生时能够迅速采取应对措施。

(三)突发疾病风险

学生在研学旅行中可能因不适应环境、饮食问题或过度劳累等突发疾病。预测突发疾病风险时,需关注学生的身体状况、饮食习惯和作息规律。应提前收集学生的健康信息,了解他们的过敏史和特殊医疗需求,并准备相应的药品和急救设备。同时,安排专业医护人员随队,确保在突发疾病时能够及时救治。

(四)活动安全风险

研学旅行中的活动可能涉及户外探险、文化体验等高风险项目。预测活动安全风险时,需关注活动的性质、难度和安全性。应对每项活动进行风险评估,制定安全操作规程和紧急应对措施。同时,确保活动在教师的指导和监督下进行,并为学生提供必要的安全防护设备。

(五)社交和心理安全风险

学生在研学旅行中可能面临社交压力和心理健康问题。预测社交和心理安全风险时,需关注学生的性格特点和心理状态。应设计鼓励团体协作、兼顾各类性格学生的互动环节,避免学生社交压力过大。同时,安排心理辅导员或教师关注学生心理状态,及时发现并处理异常情况。

三、研学旅行安全风险评估

研学旅行安全风险评估需以"预防为主、动态管控"为核心,宜采取"路径—场景—要素—标准"多维度全方位的评估,以风险评估、安全生产、学校安全、旅游安全等领域的相关规范流程和专业操作方法为基础。研学旅行安全风险评估应重点关注风险识别、隐患排查、风险分析、高危研判四个环节的技术要点。

(一)风险识别

基于研学旅行的生命周期、业务范围、关联群体,研学旅行安全风险识别应基于以下四种关键路径,对风险进行全面、系统、科学的分类识别。

(1)以法律法规为抓手,基于自然灾害、事故灾难、公共卫生事件、社会安全事件这四大类突发事件进行风险识别。

(2)以所有权为抓手,从研学旅行的管理主体、工作要件、岗位职责入手开展风险识别。

(3)以后果为导向,对于可能导致人员死伤和财产损失、精神损害和群体恐慌、负面影响和公信力受损的三个维度后果进行识别。

（4）以人为中心，根据学员的各年龄层次特征、研学活动的各场景状态、旅行过程的各轨迹动线、关联配合的全周期业务工作，进行风险识别。

（二）隐患排查

在大安全大应急框架下，研学旅行安全风险评估应聚焦"场景"和"后果"，尤其是关注以下安全事故高危、突发、易发、频发的十大场景，对安全隐患进行重点排查。

（1）交通安全，主要包括交通安全事故及其带来的人身伤亡、财产损失、矛盾纠纷。

（2）消防安全，主要包括使用明火不慎、用电不当、实验过程中操作不当、雷击、交通事故、人为纵火等可能导致的火灾。

（3）餐饮安全，主要包括食品安全、用餐环境、过敏原、传染病等。

（4）住宿安全，主要包括住宿的场馆设施、管理制度、操作规范、人员素养、卫生状况、应急处置等。

（5）有形财物安全，主要包括学员、教师、员工等随身携带的电子产品、衣物、钱财等。

（6）无形财产安全，主要包括互联网场域中的网络购票缴费风险、网络诈骗、网络谣言以及知识产权等无形财产安全隐患。

（7）环境安全，主要包括研学营地周边地形地貌、地震地质、气象水文等自然环境风险，以及营地周边治安、市场、社区、人文等社会环境风险。

（8）设施安全，主要包括各类活动场所、休息区域、参观场所、消防设施、特种设备和安全物防技防设施设备等。

（9）心理安全，主要包括学员欺凌、言语暴力、不合理体罚、青少年不良行为等问题。

（10）意外事故安全，主要包括踩踏、走失、磕碰摔伤、运动受伤、跌倒或坠落致伤、高空坠物致伤、钝器伤、动物伤、刀具或锐器伤、烧烫伤等。

（三）风险分析

应用"人地物事环"（PLEEE）模型，对研学旅行安全进行五项核心要素的风险分析，具体包括以下几点。

（1）人员风险（People），是指易出现安全稳定问题的个体、群体等。

（2）场地风险（Location），是指存在危险的位置、区域、场所、场域、场景等。

（3）物件风险（Equipment），是指存在隐患的特定的设施、设备、机器、用具、物料、物品、工具等。

（4）事项风险（Event），是指存在安全稳定隐患的事件、活动、项目、课程、管理制度、操作过程、工作方法等。

（5）环境风险（Environment），是指存在风险的特定时段、周边环境、境外环境、网络舆论环境及其他自然或社会环境因素等。

（四）高危研判

参照科学的标准，应用合适的模型，对研学旅行的风险进行科学分级和高危研判。

（1）后果研判，分析风险后果的危害程度和损失严重程度，既要考虑人员死伤、安置人数、经济损失、基础设施影响、生态环境影响等直接影响，也要考量应对成本和赔偿损失等间接后果。

（2）发生可能性研判，综合运用对以往安全事故历史数据的统计分析、既往相关文献资料的查阅研究，并结合对现场防范控制措施的评估情况，深入剖析并科学推测事件发生的可能性。

（3）负面影响研判，分析人财损失之外可能连带产生的社会恐慌、造谣传谣、公信力受损、环境破坏、周边社会经济状况和民众生产生活受影响程度等。

（4）社会责任研判，对研学旅行相关责任主体可能存在的法律责任、党纪责任、行政责任、舆论责任、道德伦理责任、公序良俗责任等和责任大小进行评估。

研学旅行安全风险评估旨在深入识别并精准评估研学活动中潜藏的安全隐患及各类风险，为制定周全的安全防护策略奠定坚实基础。

作为研学旅行安全管理的核心环节，风险评估工作需紧密围绕三大核心要素展开：一是安全风险可能造成的危害程度，二是安全风险实际发生的概率，三是安全风险的可监测性。在此基础上，细致分析各危险源诱发危害的可能性及其可能造成的严重后果，并编制科学合理的应急预案。依托全面细致的风险评估结果，精准选取高效的管理手段，从根本上保障研学旅行的安全顺利进行。

四、落实研学旅行安全责任

《关于推进中小学生研学旅行的意见》要求各地制定科学有效的中小学生研学旅行安全保障方案，探索建立行之有效的安全责任落实、事故处理、责任界定及纠纷处理机制，实施分级备案制度，确保层层落实，责任到人。

教育行政部门负责督促学校落实安全责任，审核学校报送的活动方案（含保险方案和应急预案）。学校要做好行前安全教育工作，负责确认出行师生购买意外险，务必投保校园责任险，与家长签订安全责任书，与委托开展研学旅行的企业或机构签订安全责任书，明确各方安全责任。旅游部门负责审核开展研学旅行的企业或机构的准入条件和服务标准。交通部门负责督促有关运输企业检查学生出行的车、船等交通工具。公安、食品药品监管等部门负责加强对研学旅行涉及的住宿、餐饮等公共经营场所进行安全监督，依法查处运送学生车辆的交通违法行为。保险监督管理机构负责指导保险行业提供并优化校方责任险、旅行社责任险、人身意外伤害险等相关产品。

依照上述的基本要求，本任务中的组织结构是指学校、研学旅行服务企业（机构）在开展研学旅行过程中，为明确各方职责任务而建立的小组。应急组织需明确组织形式、构成单位及人员，做到分工细致、职责清晰；应急指挥中心（小组）要确定总指挥、副总指挥及各成员单位,详细规定其具体职责。同时,还需依据研学旅行安全工作的实际需求,针对安全管理范围与方法,制定相应的安全管理制度。

课后练习

1.研学准备阶段应如何开展安全风险分析?

2.研学旅行安全风险评估包括哪些方面?

任务三　制定研学旅行安全风险应急预案

任务导入

某小学2024年6月10日组织60名10—12岁的学生,联合教师6名、导游3名,医护人员1名,前往红树林湿地保护区及周边水域开展"湿地生态探索"研学活动,出发前制定安全风险应急预案,成立了应急小组确定各自职责,确保研学活动顺利开展。研学旅行安全风险应急小组构成及职责如表2-2所示。

表2-2　研学旅行安全风险应急小组构成及职责

小组名称	成员构成	职责
总指挥组	校领导、旅行社负责人	统一决策、协调外部资源(医院、警方等)
现场处置组	教师、导游、安全员	突发事件第一响应,疏散、急救、联络
医疗救护组	校医、外聘医护人员	实施急救,对接医院
后勤保障组	后勤人员、司机	物资调配、车辆应急、联络家长
信息联络组	学校办公室人员	信息上报(教育局、媒体)、舆情管理

任务解析

开展研学旅行应做好安全责任分工,确保研学过程中能各司其职,及时处理各类安全风险。

任务重点

(1)掌握研学旅行安全预案的核心内容。

(2)能灵活处理研学过程中的突发事件。

任务难点

（1）了解预案难以覆盖所有突发情况。

（2）了解现场人员可能因压力导致决策失误。

任务实施

针对研学旅行过程中的安全问题，需要建立相应的预防与预警机制并加以演练，以保障学生出行的安全，有效预防和应对研学过程中的突发事件，避免和降低突发事件造成的危害，消除负面影响。

研学旅行关联业态多、学生参与人数多、服务机构服务环节多，其安全服务内容多涉及研学活动安全、交通安全、食品安全、住宿安全、身体安全、心理安全、财产安全、目的地安全等多个方面，这就需要对不同危险源进行分析，明确对危险源监控的方式、方法及采取的预防措施，进而实施安全预防布控，对预警信息进行报告与处理。研学旅行主办方、研学旅行服务企业（机构）、供应方均应针对能够预警的突发事件，向各方的职工、关联部门、应急指挥中心、上级主管部门、地方政府等报告和发布预警信息，在制定预案时，应明确报告和处理预警信息的流程、内容和实现方式。

一、研学旅行安全应急预案的要求

制定应急预案是为了在发生紧急情况时，能以最快的速度发挥最大的效能，有序地实施响应和救援。通过及时有效的应急措施，迅速控制事态发展，从而降低事故造成的危害，尽可能减少人员伤亡、财产损失，同时避免研学基地营地和周边环境遭受破坏。

（一）科学性

应急预案的各部分是一个有机的整体。研学旅行突发事件的应急工作是一项科学性很强的工作，从事故设定、信息收集传输与整合、力量部署，到物资调集和实施行动，都要严格遵循科学原则。在全面调查研究的基础上开展科学分析和论证，制定严密、统一、完整的应急反应方案，并在实战演练中完善预案，在科学决策的基础上采取行动。

（二）实用性

应急预案应以完善的预防措施为基础，充分结合研学旅行突发事故的特征、当地的实际情况，涵盖研学基地营地的危险源、可能发生的灾难性事故与事故的类型、重要的区域和部位、可用的应急力量等要素。应对措施要具体、明确，方案应具有适用性、实用性和针对性，便于实际操作。鉴于事故具有随机性、突发性，涉及因素复杂且处于动态变化中，因此，预案还要具有一定的灵活性，以提高实际应变能力。

（三）周密性

制定应急预案时，要把各种情况考虑得周全、严密，包括事故发生的周围环境、具体时间节点、天气状况，应急人力投入的时间安排，救援器材、通信设备的配备，以及后勤物资供应等。任何环节若考虑不充分，都可能在实际处置过程中增加难度，影响应急任务的顺利完成。

（四）可行性

应急预案是针对可能发生事故灾害而制定的，主要目的就是在事故灾害发生之时，能根据预案进行力量调度和物资调配，为事故灾害的有效处置打下坚实的基础。当事故发生后，能按照预案进行力量部署、采取处置对策、组织实施，起到知己知彼、速战速决的作用，将事故灾害损失控制在最低程度。因此，制定的应急预案应具有可行性。

（五）权威性

救援工作是一项在紧急状态下开展的应急性工作。应急预案应明确救援工作的管理体系、救援行动的组织指挥权限，以及各级救援组织的职责和任务，以保证救援工作得到统一指挥。应急预案应经上级部门批准后才能实施，以保证预案具有一定的权威性和法律保障。

应急预案制定后，相关政府部门援引国家、地方、上级部门相应法律和规章的规定，签署预案发布令，宣布应急预案生效，从而明确实施应急预案的合法授权，保证应急预案的权威性，同时督促各应急部门完善内部应急响应机制。

知识活页

制定针对研学过程中"暴雨→山洪→道路中断→通信失联"事件链的研学旅行安全预案，需系统考虑风险演变路径、对应处置措施及关键决策节点等核心要素（见表2-3）。

表2-3　研学旅行安全预案制定考虑因素

研学安全风险阶段	关键风险	决策要点	资源依赖
暴雨预警	活动取消或调整	是否启动备用室内方案	天气预报准确性
山洪威胁	撤离路线安全性	选择预定路线还是临时避险点	高地避难所容量
道路中断	车辆通过性风险	等待救援还是自主转运	越野车数量、司机经验

续表

研学安全风险阶段	关键风险	决策要点	资源依赖
通信失联	信息孤岛化	依赖卫星设备还是自主判断	备用电源、设备可靠性
次生危机	医疗资源极限	伤病学生优先等级划分	急救药品储备、医护技能

二、研学旅行安全应急预案的基本内容

（一）研学旅行安全应急预案的编制要素

（1）主体：预案实施过程中的决策者、组织者和执行者等组织或个人。

（2）客体：预案所针对和需实施应对措施的灾害类型及受影响对象。

（3）目标：预案实施所欲达到的目的或效果，即尽可能减轻灾害造成的生命财产损失。

（4）情景：包括人文情景、工程性情景、非工程性情景等。

（5）措施：预案实施过程中所采取的方式、方法和手段。

（6）方法：实施措施的管理方案及动态调整方法。

（二）研学旅行安全应急预案的基本结构

（1）基本预案：是对该应急预案的总体描述。主要阐述应急预案所要解决的紧急情况，应急的组织体系、方针、应急资源，应急的总体思路，确保各应急组织在应急准备和应急行动中的职责，以及应急预案的演练和管理等规定。

（2）应急功能设置（又称应急程序）：着眼于突发事件发生时采取的一系列基本的应急行动和任务，主要的对象是应急执行机构。

（3）特殊风险预案：即根据潜在的风险类型，说明处置此类风险应设置的专有应急功能或有关应急功能所需的特殊要求。

（4）标准操作程序：用以说明各项应急功能的实施细节，从而为应急组织和个人履行应急功能设置中规定的职责和任务提供详细指导。标准操作程序应与应急功能设置中各有关部门职责和任务的内容一致，应由该应急功能的责任部门组织编制，并由预案管理部门负责评审和备案。

（5）支持附件：主要包括应急的有关支持保障系统的描述和有关的附图表，如危险分析附件、通信联络附件、法律法规附件、应急资源附件、教育培训训练和演习附件、技术支持附件、互助协议等。

（三）研学旅行应急预案的核心内容

研学旅行应急预案的核心内容应包括危险性分析、组织结构及职责任务、预防与

预警、应急响应、信息发布、后期处置、综合保障、监督管理等。

1. 危险性分析

危险性分析旨在明确系统中存在的危险源,具体需界定危险源所处区域与部位,并深入剖析其危险性质、危害程度、存在状态,探究危险源演变为突发事件的过程规律、转化条件、促发因素,同时评估发生危害的可能性以及可能造成后果的严重程度。

2. 组织结构及职责任务

明确应急组织形式、构成单位或人员,并尽可能将其以结构图的形式呈现出来。应急指挥中心应明确总指挥、副总指挥、各成员单位及其相应职责。

3. 预防与预警

对危险源进行监控,明确对危险源监控的方式方法以及采取的预防措施,对预警信息进行报告与处理。研学旅行相关企业针对能够预警的突发事件,应向企业内的职工、企业有关部门、企业应急指挥中心、上级主管部门、地方政府等报告和发布预警信息,在制定预案时,应明确报告和处理预警信息的流程、内容、时限和方式。

4. 应急响应

应急响应指当事件的紧急状态达到响应级别时,启动应急预案,并实施应急救援的过程。预案对应急响应的规划应包括响应标准、响应程序和响应结束。

（1）响应标准（响应分级）。

响应标准是指制定预案时,应根据突发事件危害程度、影响范围和单位控制事件的能力,将事件分为不同的等级。遵循分级负责的原则,清晰界定应急响应级别。在研学旅行安全应急预案中,应规定不同级别应急响应的条件、响应的机制和具体要求。

常见的应急响应分为四级:

一级响应:针对特大的事故/险情/灾情,以中央政府为响应主体。

二级响应:针对重大的事故/险情/灾情,以省级政府为响应主体。

三级响应:针对较大的事故/险情/灾情,以市/地区级政府为响应主体。

四级响应:针对一般的事故/险情/灾情,以市/县级政府为响应主体。

（2）响应程序。

接到报警后,需迅速根据警情判断应急响应级别,并同步启动应急程序,具体涵盖指挥中心人员赶赴现场开展指挥调度、开通应急信息网络以保障通信畅通、调配各类应急资源用于处置救援等工作。

（3）响应结束。

编制预案时,应明确应急终止的条件。当应急程序启动并开展救援行动,待突发事件态势得到有效控制后,需由现场应急指挥部进行评估确认,并经其批准,方可向上一级应急指挥中心提交报告,申请下达应急终止指令。通常情况下,应急终止需同时满足以下条件:突发事件现场已处于可控状态,且由该事件引发的次生、衍生灾害隐患已彻底消除。

5.信息发布

突发事件发生后,能否"以妥善的方式发布信息,从而处理好公共关系"也是预案里可以反映的内容。信息发布要明确信息发布的主体、信息发布的内容、信息发布的原则和信息发布的细节处理要求。

6.后期处置

(1)善后处理:一般指突发事件发生之后的人员临时安置、抚恤与补助、经济赔偿等问题的解决。

(2)调查评估:预案应就调查总结的主体、程序、方法等做出安排。

7.综合保障

综合保障包括队伍保障、经费保障、物资装备保障、通信与信息保障和其他保障,并做出相关规定。

8.监督管理

(1)应急培训:编制预案时,应对本单位人员开展的应急培训计划、方式和要求等做出安排。

(2)演练:编制预案时,应明确应急演练的规模、方式、频次、范围内容、组织、评估、总结等内容。

(3)奖惩:编制预案时,应明确应急工作中奖励和处罚的条件和内容等。

三、研学旅行应急预案编写程序

(一)成立应急预案编制工作组

研学机构可根据企业自身情况,组织相关人员参与编写应急预案,组建编写小组,明确其职责和任务分工,制订工作计划,组织开展应急预案编制工作。

(二)收集相关资料

应急预案编制工作组,应收集与预案编制工作相关的法律法规、技术标准、应急案例,同时进行线路勘查,收集课程资源中与预案编制相关的环境、设施、气象、地质文等有关资料。

(三)进行风险评估

风险评估的主要内容包括:

(1)分析研学旅行课程实施过程中存在的危险因素,确定事故危险源。

(2)分析可能发生的事故类型及后果,并指出可能产生的次生、衍生事故。

(3)评估事故的危害程度和影响范围,提出风险防控措施。

（四）应急能力评估

全面调查和客观分析评估研学旅行活动各参与方的应急能力,并依据评估结果完善应急保障措施。

（五）编制应急预案

依据风险评估以及应急能力评估结果组织编制应急预案。应急预案编制应注重系统性和可操作性,做到与相关部门的应急预案相衔接。

（六）应急预案评审

应急预案编制完成后应组织评审。评审分为内部评审和外部评审,内部评审由本单位主要负责人组织有关部门和人员进行,外部评审由本单位组织外部有关专家和人员进行。应急预案评审合格后,由单位主要负责人(或分管负责人)签发实施,并进行备案管理。

安全应急预案制定步骤如表2-4所示。

表2-4　安全应急预案制定步骤

制定阶段	具体任务	目标
理论学习	①熟悉国家/地方研学安全法规(如《研学旅游服务要求》); ②学习应急预案框架(组织架构、响应流程)	掌握政策依据和标准化流程
案例分析	①分析典型研学事故案例(如溺水、交通事故)的处置漏洞; ②研究优秀预案模板(如学校、景区案例)	理解风险场景与预案设计的关联性
风险识别与评估	①针对具体研学场景(如山区、水域、城市)列出潜在风险; ②评估风险等级(高/中/低)	精准定位需优先应对的核心风险
预案设计	①制定分级响应机制(预警→响应→处置→恢复); ②明确各岗位职责(指挥组、医疗组等)	形成可操作的标准化流程
模拟与优化	①通过沙盘推演或实地演练测试预案得可行性; ②根据演练结果修补漏洞(如通信延迟、物资不足)	提升预案的实战性和灵活性

课后练习

1. 研学旅行安全应急预案编制的内容有哪些?

2. 简述研学旅行应急预案编写程序。

拓展阅读

安徽黄山市出台《研学旅行管理暂行办法》

2020年4月,《黄山市研学旅行管理暂行办法》(以下简称《暂行办法》)经安徽省黄山市政府常务会议审议通过,正式印发执行。据悉,由市级政府出台的关于研学旅行市场管理的规范性文件在全国范围内并不多见。

《暂行办法》中明确,研学旅行组织机构应按照"安全第一"的要求,制定好安全制度、应急预案等,提前进行研学旅行风险预测评估,涉及的活动场所、交通、住宿、餐饮等应符合有关法律法规的规定和国家技术标准,突出研学旅行活动每个环节和全过程的安全管理。研学旅行协会应强化自律管理,加强安全员、辅导员、研学指导师、导游员、带队老师和医疗人员等"六员"管理。

(资料来源:安徽省文化和旅游厅《安徽黄山市出台〈研学旅行管理暂行办法〉》。)

项目小结

研学旅行安全风险识别与评估通过系统化框架构建了研学安全管理的完整体系。项目聚焦三大核心任务:风险分类、风险评估以及应急预案编制,强调"全流程防控"理念,覆盖事前预防、事中处置与事后复盘,形成"规避—消除—干预—共担"的立体化防控策略。强调安全员专职配置、六方责任主体协同及保险风险对冲,项目实现从理论到实践的闭环管理,为研学活动的高质量发展奠定安全基石。

能力训练

请为"丹霞地貌探秘"研学活动编写一个安全应急预案。

研学时间:2024年10月8日—10月10日(三天两夜)。

地点:韶关丹霞山景区、周边古村落、锦江水域。

参与人员:学生80人(13—15岁)、教师8人、导游4人、医护人员2人、当地向导2人。

项目三
研学旅行安全管理实务

学习目标

知识目标

（1）了解行前安全隐患排除的必要性。
（2）了解行中安全管理实施的主要环节。
（3）掌握研学旅行安全事故报告制度。

能力目标

（1）能够排查研学旅行的安全隐患。
（2）能够撰写行前安全应急预案。
（3）能够开展安全教育活动。
（4）提高在研学旅行中应对各种灾害、事故的能力。

素养目标

（1）增强安全防范意识。
（2）增强责任意识。

思维导图

```
                                              ┌─ 行前踩点工作安排
                          研学旅行行前安全准备 ─┼─ 行前安全预案撰写
                                              └─ 行前安全教育

                                              ┌─ 行中安全管理工作实施
研学旅行安全管理实务 ─────研学旅行中安全管理 ─┼─ 行中救援工作原则
                                              └─ 应急处理组织体系

                                              ┌─ 研学旅行行后安全回顾
                          研学旅行行后安全总结 ─┤
                                              └─ 行后安全总结报告撰写
```

任务一 研学旅行行前安全准备

任务导入

2023年,原告广西某研学教育科技有限公司与被告某文化科技有限公司、某旅行社签订合作协议,约定两被告负责原告招募的营员在北京的行程安排、文化交流活动以及进行实践教育等接待工作,具体包括住宿、餐饮、景点参观、往返交通等服务,原告支付相应的研学费。原被告合同签署后,原告按双方协议向两被告支付了某小学64名学生5天4夜的名校研学营费用。但两被告在履行合同和实施方案时,问题频发。经调查核实,在此次研学旅行中,交通安排存在重大疏漏:既未按规定进行出行备案,又在出现车票遗漏问题时,被告公司因缺乏应急预案,致使学生在站点长时间滞留。为解燃眉之急,原告公司先行垫付交通换乘费用。此外,实际项目路线与前期宣传内容存在较大差异。鉴于上述情况,损害发生后,家长依法有权向本案原告(即研学活动主办方)提出索赔。原告公司在向家长完成赔偿后,有权依据相关协议及责任划分,向被告公司进行追偿。

(资料来源:西乡塘法院。)

任务解析

研学旅行作为一种新兴的教育方式,安全是其得以顺利开展的基础。没有安全,研学旅行的教育目标无从谈起。研学旅行必须坚持"安全第一"的原则,建立完善的安全保障机制,确保学生的人身安全,这包括选择正规研学机构、制定详细的安全预案、加强安全教育等。只有确保安全,才能让研学旅行真正发挥其教育作用,促进学生全面发展。

该任务涉及的知识点有研学地点的踩点安排、行前安全预案的撰写要求以及安全教育活动的要求。

任务重点

(1)完成研学旅行行前踩点报告。
(2)开展研学旅行行前安全教育。
(3)掌握研学旅行应急安全预案的编制。

任务难点

(1)掌握对行前踩点过程中的安全隐患的识别。
(2)做好行前安全教育。

🔵 任务实施

一、行前踩点工作安排

行前踩点是研学旅行不可或缺的一环,它关乎研学旅行的安全、效率、成本和信心等多个方面。因此,在研学旅行前,必须进行充分的踩点工作,排除各种安全隐患,以确保研学旅行的顺利进行。

(一)行前踩点工作必要性

1.了解实际情况

通过踩点,可以实地掌握研学路线的交通状况、餐饮条件、住宿环境等,为制定详细的安全预案提供基础数据。

2.识别潜在风险

踩点过程中,可以及时发现并评估可能存在的安全隐患,如道路狭窄、坡陡路滑等,从而采取相应预防措施。

3.优化行程安排

根据踩点结果,可以优化研学行程,确保学生在安全、舒适的环境中学习和成长。

4.增强安全保障

踩点有助于学校与旅行社共同制定活动方案、课程方案和安全预案,为研学旅行提供全方位的安全保障。

(二)行前踩点工作流程

1.明确目的与意义

通过实地考察,确保研学旅行目的明确,增强学生对知识的理解和应用能力。

2.实地考察线路

对研学旅行的路线进行实地考察,包括对交通、餐饮、住宿等基础配套情况的核查。

3.识别与评估风险

在踩点过程中,识别潜在的安全隐患,并进行风险评估,制定应对措施。

4.优化行程安排

根据踩点结果,优化研学行程,确保活动安排合理、高效。

5.制定安全预案

针对可能遇到的安全问题,制定详细的安全预案,确保学生安全。

（三）行前踩点工作内容

1. 准备工作

明确研学活动的主题和大致流程,带上必要的物资,用于记录考察过程中的重要信息和细节。

2. 地形地貌考察

详细了解目的地的地形地貌,包括山地、河流、湖泊等自然特征,评估活动的安全性和可行性,确保学生能够安全参与。

3. 气候条件了解

掌握目的地的气候特点,如温度、降水、风力等,以便合理安排活动时间,并准备相应的装备,如防晒霜、雨具、保暖衣物等。

4. 安全设施检查

仔细检查目的地的安全设施,如消防设备、紧急出口等,确保在紧急情况下能够迅速采取应对措施,保障学生的安全。

5. 配套设施考察

考察交通、餐饮、住宿、厕所等基础设施的便利性,同时了解相关场馆的开放时间和购票方式,以及相关人员的联系方式,确保活动期间的顺畅沟通。

6. 活动路线规划

根据地形地貌和气候条件,规划出适合本次研学活动的路线,确保路线安全、合理且富有教育意义。同时,确定集合场地和各层集合点,以便在紧急情况下迅速集合学生。

7. 踩点情况汇报与方案调整

及时汇报踩点情况,征求相关人员的意见和建议,以便对活动方案进行调整和完善。确保活动方案符合实际情况,能够充分满足学生的研学需求。

🔭 知识活页

研学旅行行前踩点模板

一、研学场地基础踩点项与信息收集

（一）场馆简介

可附上场馆平面图。

（二）活动流程

按照实际活动流程开展安全隐患排除。

（三）踩点事项

1.研学场地具体位置。

2.行车线路。

3.大巴车停靠位置与最长停车时间。

4.进出入口位置以及注意事项。

5.购票方式（是否有讲解员）。

6.拍大合照的地点。

7.集合地点（进口、出口与场内）。

8.参观路线以及备选路线。

9.讲解内容（课程）时长。

10.各班级用餐地点划分。

11.手工与集体活动区域。

12.失物招领处与游客服务中心位置。

13.洗手间位置、分布与数量。

14.楼梯、扶手梯与电梯数量。

15.安全逃生线路。

二、踩点概述

（一）踩点地区概述

包含踩点地区的基本情况介绍、场地特色、已有设施与服务、适宜开展的活动类型、适宜活动人群，存在的安全隐患点（要注明能否解决，并附上图）、特殊情况等内容。

（二）踩点亮点描述

描述需涉及与其他同质或类似地点的对比，同质或类似地点是否可做备选点。

（三）合作和对接方信息

合作或对接方联系信息、场地报价、具体安全责任分工等。

（四）总结

研学点是否满足预期目标：若是，列举可以开展的现有活动；若否，说明原因并提出可以替代的地点。

二、行前安全预案撰写

（一）研学旅行安全应急预案的概念

研学旅行安全应急预案，就是针对研学旅行过程中有可能发生的突发安全事件，为保证迅速、有序、有效地进行应急管理、组织指挥相关应急资源和应急行动,预先制定的有关计划程序文件和具体安排。

(二)行前安全应急预案的必要性

1.确保学生安全

研学旅行通常涉及学生离开熟悉的环境,前往新的地点进行学习和探索。在这个过程中,学生可能会面临各种潜在的安全风险,如交通安全、自然灾害、突发疾病等。制定详尽的安全预案,能够在这些风险发生时提供明确的应对措施,最大限度地保障学生的安全。

2.预防事故发生

通过提前识别潜在风险并制定相应的预防措施,安全预案能够降低事故发生的可能性。例如,对研学目的地进行充分调研,了解当地的气候、交通、医疗设施和治安情况;选择有资质的交通工具和司机;制定详细的行程安排等。

3.提供快速响应机制

在紧急情况下,安全预案能够为工作人员提供明确的行动指南,确保能够迅速、有效地应对事故,这包括突发疾病的处理流程、意外事故的应对措施、自然灾害的应急方案等。通过模拟演练和应急培训,学生可以提高自救和互救能力,减少事故造成的损失。

4.保障研学活动的顺利进行

研学旅行是教育与实践相结合的重要方式,对于学生的成长具有重要意义。然而,如果安全得不到保障,研学活动就难以顺利开展。制定并执行详尽的安全预案,可以消除家长和学校的后顾之忧,让学生在一个安全的环境中尽情探索与学习。

5.提升组织方的安全管理水平

制定和实施安全预案需要组织方进行全面的风险评估、制定详细的预案内容、进行安全教育和培训、准备充足的应急物资等。这些工作不仅有助于保障学生的安全,还能提升组织方的安全管理水平和应急处理能力。

6.符合法律法规要求

组织学生进行研学旅行活动,必须遵守相关的法律法规和安全规定。制定安全预案是组织方履行安全管理职责、确保活动合法合规的重要措施之一。

综上所述,在研学旅行行前制定安全预案是非常必要的,它关系到学生的生命安全、研学活动的顺利进行,以及组织方的法律责任等多个方面。各研学旅行组织方应高度重视安全问题,制定并执行详尽周全的安全预案,为学生创造一个既充满挑战又安全无忧的探索环境。

（三）研学旅行应急安全预案的编制原则

（1）以人为本：将保障师生的人身安全放在首位，确保在紧急情况下能够迅速、有效地进行救援和疏散。

（2）依法依规：遵守国家法律法规和相关安全规定，确保预案的合法性和合规性。

（3）符合实际：结合研学旅行的实际情况，制定切实可行的预案，确保预案的针对性和可操作性。

（4）注重实效：以应急处置为核心，明确应急职责、规范应急程序、细化保障措施，确保预案在紧急情况下能够发挥实效。

（5）预防为主：在预案中强调预防措施的重要性，通过风险评估和安全教育等手段，降低事故发生的可能性。

（6）综合协调：预案中应明确各相关部门和人员的职责和协作机制，确保在紧急情况下能够协调一致，共同应对。

（7）持续改进：预案编制完成后，应根据实际情况和演练效果进行持续改进和优化，提高预案的有效性和适用性。

知识活页

研学旅行应急安全预案模板

一、编制目的

为有效预防和妥善应对研学旅行活动中可能出现的各类安全事故，保障我校研学活动安全、有序开展，特制定本安全应急预案。

二、编制依据

依据《中华人民共和国安全生产法》《学生伤害事故处理办法》等相关法律法规和文件精神，结合我校实际情况制定。

三、适用范围

本预案适用于我校组织的所有研学旅行活动。

四、组织机构与职责

（1）领导小组。

·组长：×××（校领导）。

·副组长：×××（相关部门负责人）。

·成员：各班主任、随队教师等。

职责：全面负责研学旅行的安全管理工作，制定应急措施，指挥应急处置工作。

（2）工作组。

·交通安全组：负责交通安全及途中安全。

·食品安全组：负责餐饮卫生及食品安全。

·活动安全组：负责研学活动过程中的安全监督。

·应急救援组：负责紧急情况下的救援和疏散工作。

五、风险评估与预防措施

对研学旅行的目的地、交通方式、住宿条件等进行全面风险评估。针对识别出的风险点，制定具体的预防措施，如选择正规交通服务商、检查住宿设施安全等。

六、安全教育

在研学旅行前，对全体参与者进行安全教育，包括安全知识讲解、应急演练等。强调个人安全责任，提醒学生遵守安全规定，不擅自行动。

七、应急响应与处置措施

(1)一般事故处理：现场人员立即报告带队教师或领导小组。带队教师或领导小组根据情况作出处理决定，并记录处理过程。

(2)重大事故处理：立即启动应急预案，组织人员进行救援和疏散。同时向公安、医疗、教育等部门报告，请求支援。及时通知学生家长，做好安抚工作。

(3)具体事故类型处理方法。

·交通事故：立即拨打120、122，组织现场救援，保护现场，报告上级部门。

·食品安全事故：立即联系医疗部门，对中毒者进行救治，同时追究供餐单位责任。

·自然灾害：根据灾害类型采取相应的避险措施，确保人员安全。

八、后期处置与总结评估

(1)在安全事故发生后，及时向上级部门汇报并做好各项善后工作。

(2)对安全事故原因进行调查分析，总结经验教训，完善安全预案。

(3)在每次研学旅行结束后，对整个活动的安全工作进行总结评估，提出改进措施。

九、附则

本预案由学校安全管理部门负责解释和修订。

本预案自发布之日起实施。

请注意，以上仅为一个基本的模板框架，具体内容需要根据学校的实际情况和研学旅行的特点进行详细制定和调整。同时，预案的制定和实施应遵守相关法律法规和安全规定，确保研学旅行的安全有序进行。

三、行前安全教育

（一）研学旅行行前安全教育的重要性

1. 保障学生安全

研学旅行中，学生面临诸多未知环境和挑战，安全教育能提升学生自我保护意识，预防意外发生，确保学生身心健康。

2. 促进活动顺利进行

行前安全教育有助于学生了解活动规则和安全要求，减少违规行为，保障研学旅行按计划顺利进行。

3. 降低学校和家庭风险

安全事故可能给学校和家庭带来巨大损失，安全教育能降低事故发生率，减轻学校和家庭的担忧。

4. 提升研学效果

学生在安全的环境中更能专注于学习和体验，安全教育为研学旅行提供良好基础，有助于学生全面发展。

（二）研学旅行行前安全教育的对象

行前安全教育是指研学学校和学校在研学活动开始前委派专门人员，分别对家长、教师和学生进行安全教育。

1. 告知家长

家长是指学生法定监护人，学生及家长同为研学旅行服务接受者方。学校要与家长签订安全责任书，进行风险说明与确认。学校组织开展研学旅行必须通过家长委员会、"致家长的一封信"或召开家长会等形式告知家长活动意义、时间安排、出行线路、费用收支、注意事项等信息，加强家校之间的沟通，保证家长的知情权，并通过此种方式明确好家校双方的权责义务，告知家长对应的分组、教师、校方应急联系人，以便出现突发情况或是家长需要特地嘱咐某些事情时可以在最短时间内找到对应负责人；必须收回已签名的"家长回执单"。

2. 教师准备

在研学旅行开始前，应该将活动流程向班主任或各班负责教师清楚说明，方便教师熟悉整个活动流程，并提前落实班级食宿分组等事宜。出行前，教师需要将学生进行分组，并备注学生家庭紧急联系人，保证在学生出现意外伤害时可以第一时间联系到其家人。

3. 学生安全教育

在出发前应该为学生提供不少于45分钟的行前安全教育,具体方式可采取主题班会、安全知识问答、安全隐患模拟演练等;具体内容包括活动流程说明、目的地简介、人身安全教育说明、财产安全教育说明、应急规避对策、物品携带清单等。

(三)研学旅行行前安全教育的内容

1. 研学旅行目的与意义

(1)明确研学目的:简要介绍研学旅行的目的,如增长见识、拓宽视野、培养团队协作能力等。

(2)强调安全重要性:突出安全在研学旅行中的首要地位,提醒学生时刻注意自身安全。

2. 交通安全教育

(1)遵守交通规则:强调遵守交通规则的重要性,如过马路时走人行横道、不闯红灯等。

(2)乘车安全:提醒学生系好安全带,不在车厢内随意走动或打闹,注意乘车礼仪。

(3)紧急情况应对:教育学生了解车辆紧急出口、安全锤等应急设施的使用方法,以及遇到紧急情况时的自救互救方法。

3. 食品安全教育

(1)选择正规餐饮:引导学生选择正规、卫生的餐饮场所就餐,避免食用不洁食品。

(2)注意饮食卫生:提醒学生注意个人卫生,饭前便后洗手,不随意食用陌生人给的食物。

(3)食物过敏提示:对有食物过敏史的学生进行特别提醒,确保他们了解并避免接触过敏食物。

4. 活动安全教育

(1)遵守活动规则:要求学生遵守研学活动的各项规则,不擅自离队或进行危险活动。

(2)防范意外伤害:教育学生了解并防范常见的意外伤害,如跌倒、划伤等,掌握基本的自救互救技能。

(3)紧急疏散演练:组织学生进行紧急疏散演练,熟悉疏散路线和集合地点,提高应急反应能力。

5. 个人财物与信息安全

(1)保管好个人财物:提醒学生妥善保管自己的钱物、证件等,避免丢失或被盗。

(2)保护个人信息:教育学生不要随意透露个人信息,如姓名、住址、电话号码等,以防诈骗。

6. 心理健康与团队协作

（1）保持积极心态：鼓励学生保持积极、乐观的心态，面对困难时勇于挑战、不放弃。

（2）团队协作：强调团队协作的重要性，引导学生学会与他人沟通、合作，共同解决问题。

7. 总结与提醒

（1）总结安全要点：对以上安全教育内容进行总结，确保学生掌握关键安全知识。

（2）家长沟通：提醒学生与家长保持沟通，及时报告行程中的情况和遇到的问题。

（3）紧急联系方式：提供学校、老师或相关负责人的紧急联系方式，以便学生在遇到问题时能够及时求助。

教学互动

某研学机构已经为广州天河区某小学的秋季研学活动时制定了为期1天的研学方案，研学地点为广东科学中心。请按要求完成行前踩点报告，表3-1为任务实施方案表。

表3-1　任务实施方案表

活动目的	（1）掌握行前踩点的流程，能够开展模拟行前安全教育活动； （2）能识别安全隐患点； （3）提升学生的观察力； （4）培养学生团队合作意识
活动要求	（1）选定小组组长，明确小组任务； （2）合作学习，分工明确； （3）形成小组物化成果，并进行展示与汇报
活动步骤	（1）6—8人一组，选定小组组长，明确小组分工； （2）各小组制订计划，确保活动顺利开展； （3）各小组在老师的指导下，完成任务； （4）任务完成后进行展示与汇报，老师点评与学生互评； （5）优秀小组分享实践过程中遇到的主要困难以及解决措施
活动评价	（1）通力合作、分工明确、团结互助； （2）计划详尽、活动有序、安全有保障； （3）踩点报告完整翔实； （4）发言积极，乐于与同学分享成果、活动收获与体会

请按要求撰写一份行前安全预案,表3-2为该任务的实施方案表。

表3-2 任务实施方案表

活动目的	(1)掌握安全议案的内容框架; (2)提升学生收集材料、梳理信息的能力; (3)培养发现问题与解决问题的能力; (4)培养团队合作意识
活动要求	(1)选定小组组长,明确小组任务; (2)合作学习,分工明确; (3)形成小组物化成果,并进行展示与汇报
活动步骤	(1)6—8人为一组,选定小组组长,明确小组分工; (2)各小组制订计划,确保活动顺利开展; (3)各小组在老师的指导下,完成任务; (4)任务完成后进行展示与汇报,老师点评与学生互评; (5)优秀小组分享实践过程中遇到的主要困难以及解决措施
活动评价	(1)通力合作、分工明确、团结互助; (2)计划详尽、活动有序; (3)安全预案完整翔实; (4)发言积极,乐于与同学分享成果、活动收获与体会

请按要求模拟行前安全教育活动,表3-3为该任务的实施方案表。

表3-3 模拟行前安全教育任务实施方案表

活动目的	(1)明确行前安全教育活动的必要性与重要性; (2)掌握行前安全教育的内容框架; (3)提升学生的表达能力; (4)培养学生的团队合作意识
活动要求	(1)选定小组组长,明确小组任务; (2)合作学习,分工明确; (3)形成小组物化成果,并进行展示与汇报
活动步骤	(1)6—8人一组,选定小组组长,明确小组分工; (2)各小组制订计划,确保活动顺利开展; (3)各小组在老师的指导下,完成任务; (4)任务完成后进行展示与汇报,老师点评与学生互评
活动评价	(1)通力合作、分工明确、团结互助; (2)安全教育内容完整; (3)PPT制作精美; (4)模拟行前安全教育的教学效果

课后练习

1.290名初二学生参加为期四天三晚的广东研学旅行活动,校方有5名教师跟团,承办方某研学机构有10名人员跟团,请问配置是否合理,是否可以照顾到每名学生的安全?

2.研学旅行行前安全教育的内容包括哪些?

任务二　研学旅行中安全管理

任务导入

案例1:2018年11月8日,安徽一名小学生参加由学校组织、某机构带队的研学旅行。在江苏宿迁项王故里景区被石制灯具砸中,医治无效身亡。事故原因是孩子玩耍的范围超出了老师的视线,未能及时得到有效监护。

思考:如果研学导师或者安全员可以保证学生24小时都在自己的视线范围,该事故是不是就可以避免?

案例2:2017年11月13日,湖北恩施来凤县实验小学组织310名学生赴武汉市参加研学旅行活动。当其中一辆车驶离武汉高速路段时,意外与交通附属设施发生碰撞,致使9名学生受轻伤。这一事件凸显出,研学旅行中的交通安全事故不容忽视。

思考:研学旅行基本都需要使用交通工具,因而具有潜在的交通安全风险。研学旅行交通安全事故应该如何防范,行中的交通安全管理工作应该如何实施?

案例3:2019年暑假,某中学392位师生在赴京研学旅行的返途途中,24名学生突发呕吐、恶心、腹痛等症状,经卫生部门初步诊断,确认这些学生为集体细菌性食物中毒。

思考:在研学旅行途中出现突发食物安全事故的情况,应该怎么处理?

任务解析

该任务涉及的知识点有研学旅行行中安全管理环节与措施,应急事故处理的原则方法,突发事件的处理流程。

任务重点

(1)了解行中安全管理的措施。

(2)掌握行中各项安全管理工作的实施。

Note

任务难点

行中各项安全问题的应急处理。

任务实施

一、行中安全管理工作实施

（一）行中安全管理主要环节

研学旅行行中安全管理环节主要包括以下几点。

1. 交通安全管理

选择正规、安全的交通工具，并确保司机具备合法资质。

（1）汽车。

确保司机在行驶过程中必须规范操作，不可随意变更路线，更不可危险驾驶和疲劳驾驶。

清点人数后，在确保学生安全的前提下再通知司机开车。车辆行驶过程中，研学导师或安全员应对学生进行安全教育，例如提醒学生在车辆行驶过程中系好安全带，头和手不可伸出窗外，不可随意走动。

停车时，需关注周边环境是否安全，不可在人流量与车流量较大、路口等地方随意停车。

（2）火车、飞机或轮船。

在安排行程时，应尽量避免选择夜间出行，或搭乘红眼航班。

研学旅行导师或安全员应在停车场安检口、进出口、电梯口、候车处、开水点等重要地方把守，确保以上地点不要出现学生走失、受伤的情况，避免因疏忽引发的安全事故；乘坐全程需进行安全提示和安全教育工作，全程关注和保护学生的生命和财产安全。

2. 途中安全管理

研学导师需全程跟团并时刻强调注意事项，确保学生不掉队。告知学生如果遇到困难，第一时间电话求助，在原地或者有明显地标处等候救援，不要随意走动。

在户外游览参观时，研学导师应向学生清楚介绍参观路线和注意事项，并做好安全提示工作。对于入口处、分岔路口、人流密集区域以及涉水涉险地段等存在安全隐患的地点，务必加强监控并做好安全警示，防止学生出现走失、拥挤踩踏、摔伤、中暑等意外情况。活动期间，导师要时刻关注学生动态，规范学生行为，避免因工具使用不当、嬉戏打闹引发意外伤害。同时，针对特殊季节和特殊地形，应及时给出相应安全提示。若开展专业性较强的活动，必须安排专业人员进行指导与监督。此外，研学导师需全程陪同,要求学生保持集体行动,严禁擅自离队或单独行动。若团队需分组活动,则应明确告知集合时间、地点及注意事项,并在关键出入口安排专人值守,确保学生安全。

3. 住宿安全管理

选择安全、卫生的住宿场所,确保住宿设施完好无损,检查和撤换有安全隐患的物品。入住前做好安全教育,让学生了解住宿场所的消防设施和安全出口位置,提醒学生正确使用室内设施,避免因使用不当而造成的伤害,例如烫伤、浴室滑倒、嬉戏打闹等造成的意外伤害等。研学导师、安全员和校内老师应该共同配合,严格遵守查房和值班制度,杜绝学生私自离开住宿地。

4. 餐饮安全管理

研学导师应提前做好用餐的安全提示,在餐厅的出入口、电梯楼梯口、打汤窗口等存在安全隐患的地方加强监控;应注意维持团队用餐入座和离开时的秩序,还要注意维持自助餐的打菜秩序;应帮助年龄小的学生打热汤和做好地面湿滑的提醒工作;务必要求餐饮供应商的餐食留样24小时,尤其提供盒饭的餐饮供应商。

5. 医疗保障与紧急救援

确保学生在研学旅行过程中得到及时的医疗保障,包括随行医生、紧急救援等。制定应急预案,应对突发事件和紧急医疗救助措施。在紧急情况下,迅速联系医疗机构进行救治。

(二)行中安全管理措施

1. 实时监控与通信保障

在研学旅行安全管理中,实时监控与通信保障是确保旅途安全与教育效果的双重保障的关键环节。

2. 应急响应机制的建立与执行

在研学旅行安全管理中,应急响应机制的建立与执行是确保旅途安全与教育效果的双重保障的核心环节。应急响应机制的建立需要基于详尽的风险评估,结合过往案例和数据,制定出一套科学合理的应急预案。

3. 安全教育与现场指导

在研学旅行中,安全教育与现场指导是确保学生安全与教育效果的关键环节。通过精心设计的安全教育课程,学生可以学习到如何在不同环境下识别潜在风险,并掌握基本的自我保护技能。现场指导应结合情境模拟,如模拟紧急疏散演练,让学生在模拟的紧急情况下学会保持冷静,迅速而有序地采取行动。

（三）行中突发事件处理流程

1. 行中突发事件分类

研学旅行突发事件指的是在研学旅行过程中,突然发生且可能造成旅游者(主要是学生)人身伤亡、财产损失,需要紧急采取应急处置措施的自然灾害、事故灾难、公共卫生事件和社会安全事件。

（1）自然灾害:如地震、洪水、台风、暴雨等,由自然力量引发的灾害。

（2）事故灾难:包括交通事故、火灾、食物中毒等,由人为或设备故障导致的事故。

（3）公共卫生事件:如传染病疫情、食物中毒等,影响公共健康的突发事件。

（4）社会安全事件:如恐怖袭击、打架斗殴等,涉及社会治安的突发事件。

（5）人为因素事故:包括由人为操作不当或故意行为导致的事故。

2. 突发事件处理流程

研学旅行突发事件的处理流程通常包括以下几个关键步骤。

（1）立即报告。

当突发事件发生时,第一时间向班主任、带队教师或安全保障工作小组报告。如果事件严重,需要立即拨打110报警电话或120急救电话等,寻求外部专业援助。

（2）紧急应对。

根据事件的性质,采取相应的紧急应对措施。例如,发生交通事故时,应立即组织抢救伤员,保护现场,并尽快报案。如果是食品安全问题,应迅速联系医疗机构,对中毒者进行救治,并封存可疑食品以备调查。

（3）现场控制。

维持现场秩序,防止事态扩大。确保学生和其他人员的安全,避免二次伤害。

（4）沟通协调。

与相关部门(如警方、医疗机构、旅游公司等)保持密切沟通,协调救援工作。及时向学校、家长等通报事件进展和处理情况。

（5）后续处理。

对受伤人员进行救治和安抚,做好善后工作。组织人员查找事件原因,总结经验教训,提出改进措施。撰写书面报告,详细记录事件经过、处理措施、责任追究等情况,并将其提交上级部门或学校。

（6）责任追究。

对在突发事件中处理不力、渎职的相关责任人进行责任追究。

二、行中救援工作原则

研学旅行救援工作的原则主要包括以下几个方面。

（一）安全第一，以人为本

将保障参与者的生命安全放在首位，所有救援行动都应以保护生命为最高原则。在救援过程中，要始终坚持以人为本，确保参与者的身心安全。

（二）迅速响应，高效救援

一旦发生突发事件，应立即启动应急预案，迅速组织救援力量赶赴现场。在救援过程中，要确保救援行动的高效性，争分夺秒地抢救伤员，减少损失。

（三）预防为主，综合治理

在研学旅行前，应充分评估目的地的安全风险，制定严格的安全管理制度和应急预案。通过预防措施的落实，降低突发事件的发生概率。同时，要加强综合治理，确保研学旅行的全过程安全。

（四）统一指挥，协调配合

在救援过程中，应建立统一的指挥体系，明确各级救援力量的职责和任务。各救援力量之间要加强协调配合，形成合力，确保救援行动的顺利进行。

（五）科学施救，减少损失

在救援过程中，要遵循科学施救的原则，根据事件的性质和实际情况，采取合理的救援措施。同时，要尽量减少损失，保护现场证据，为后续的事故调查和处理工作提供便利。

（六）信息畅通，及时报告

在救援过程中，要确保信息通信的畅通无阻。及时向上级部门、学校、家长等通报事件进展和处理情况，以便各方能够及时了解情况并采取相应的措施。

（七）注重总结，持续改进

在救援工作结束后，要及时总结经验教训，对救援工作进行全面评估。针对存在的问题和不足，提出改进措施和建议，为今后的研学旅行救援工作提供参考和借鉴。

以上原则共同构成了研学旅行救援工作的基本框架和指导方针，有助于确保在突发事件发生时能够迅速、有序、高效地进行救援工作，最大限度地保障参与者的生命安全和身心健康。

三、应急处理组织体系

研学旅行应急处理组织体系通常包括以下几个关键组成部分，以确保在突发事件发生时能够迅速、有效地进行应对。

（一）应急领导小组

应急领导小组由学校校长或相关负责人担任组长，全面负责研学旅行的应急管理工作。其主要职责包括制定应急工作方针和政策，统一领导、协调和指挥突发事件的应急处置工作；决定启动和终止应急预案，并及时向上级主管部门报告突发事件的处置情况。

（二）应急工作小组

应急工作小组通常下设多个专项小组，如综合协调组、抢险救援组、医疗救护组、后勤保障组等。各专项小组根据职责分工，负责具体的应急处置工作。例如，综合协调组负责应急工作的综合协调和信息汇总；抢险救援组负责突发事件的抢险救援工作；医疗救护组负责受伤师生的医疗救护工作；后勤保障组负责应急物资的储备和调配等。

（三）具体职责与分工

（1）交通安全组：负责车辆安排、驾驶员资质审核、行车路线规划及行车途中的安全监管。

（2）人员点名组：负责每次活动前的人员点名，确保参与师生人数准确无误。

（3）食品安全组：负责研学旅行期间的餐饮安排，确保食品卫生安全。

（4）活动安全组：负责活动现场的安全监管，防止学生在活动过程中发生意外伤害。

（5）应急救援组：负责突发事件的应急救援工作，配备必要的急救药品和器械，及时处理伤亡事故。

（6）宣传报道组：负责突发事件的宣传报道工作，及时向师生和家长发布突发事件的处置情况。

（四）通信与信息保障

建立健全应急通信保障体系，确保应急处置工作的通信畅通。学校应急领导小组及各工作小组成员要保持24小时通信畅通，以便及时接收和传达应急指令和信息。

（五）培训与演练

学校应定期组织师生进行应急演练，提高师生的应急处置能力和自救互救能力。同时，要对参与研学实践教育活动的教师进行应急培训，确保教师能够熟练掌握应急处置方法和流程。

（六）资源调配与保障

学校应根据风险评估的结果，合理调配人力、物力等资源，确保应急预案的顺利实施。储备一定数量的应急物资,如灭火器、急救箱、担架、食品、饮用水等,以满足应急处置工作的需要。

通过以上组织体系的建立和实施,可以确保研学旅行在突发事件发生时能够迅速、有效地进行应对,最大限度地保障参与者的生命安全和身心健康。

⛵ 教学互动

为了提升安全教育的实效性,教育方法的多样化至关重要,且安全教育活动可以在行前行中行后进行。请基于前置任务中的广州天河区某小学为期1天的广东科学中心研学方案,结合广东科学中学的实地资源,设计一个以安全教育为主题、时长为45—60分钟的且采用体验式教学法的研学课程方案。表3-4为该任务的实施方案表。

表3-4   任务实施方案表

活动目的	(1)通过实践,提高研学旅行课程开发的能力; (2)培养安全教育的创新意识; (3)提升实地考察与资源筛选能力; (4)培养团队合作意识
活动要求	(1)选定小组组长,明确小组任务; (2)合作学习,分工明确; (3)形成小组物化成果,并进行展示与汇报
活动步骤	(1)4—6人为一组,选定小组组长,明确小组分工; (2)各小组制订详细的活动计划,确保活动安全; (3)各小组在老师的指导下和协调下,深入基地,完成课程开发任务; (4)邀请企业代表、中小学教师与中小学生组成评审组,对各小组成果进行评比; (5)选择优秀小组进行成果展示,并分享实践过程中遇到的主要困难与解决办法
活动评价	(1)通力合作、分工明确、团结互助; (2)计划周密,活动有序,安全有保障; (3)课程教学设计完整翔实,主题突出; (4)研学活动新颖、吸引力高; (5)发言积极,乐于与同学分享成果以及活动体会

从《研学旅游服务要求》《学生伤害事故处理办法》与《关于推进中小学研学旅行的意见》中,梳理出有关安全管理和突发事件应急处理方法的内容,按交通、住宿、食品和

其他类别进行分类整理,并制作成PPT。表3-5为该任务的实施方案表。

表3-5 任务实施方案表

活动目的	(1)掌握突发事件的分类; (2)了解常见突发事件的防范与处理方法; (3)提升学生收集材料、梳理信息和总结归纳的能力; (4)培养团队合作意识
活动要求	(1)选定小组组长,明确小组任务; (2)合作学习,分工明确; (3)形成小组物化成果,并进行展示与汇报
活动步骤	(1)4—6人为一组,选定小组组长,明确小组分工; (2)各小组分组查阅资料,收集梳理; (3)组内讨论,归纳总结; (4)教师指导,提出修改意见,完善PPT内容; (5)任务完成后各小组进行展示与汇报,老师点评与学生互评
活动评价	(1)通力合作、分工明确、团结互助; (2)资料收集全面、梳理有序、归纳完整; (3)PPT制作精美,重点突出; (4)发言积极,乐于与同学分享成果

课后练习

1. 学生在乘坐火车途中突发集体呕吐、恶心、腹泻症状,学校应该采取哪些措施?
2. 行中救援的工作原则包括哪些?

任务三 研学旅行行后安全总结

任务导入

2023年10月,广东某小学与某旅行社合作,组织该校学生到某生态园开展研学旅行活动。在活动筹备期间,学校向学生及家长发出"致家长一封信"与"学生研学旅行活动安全责任书",告知活动相关事项并要求学生及家长签名确认。

活动当天,该小学五年级学生小嘉(化名)在活动过程中,因荡秋千骨折受伤,被送往医院救治,由旅行社垫付部分医疗费。之后,各方就赔偿事宜协商无果,小嘉将学校、旅行社、生态园诉至法院,要求赔偿约15万元。经鉴定,小嘉伤情构成十级伤残。

Note

　　面对控诉,学校认为,校方事先充分地履行了必要的手续和安全告知义务,事故发生时为自由活动时间,小嘉系自行离队导致受伤。旅行社认为,事发前其制定了详细的活动方案并配备导游,事发后也积极履行救助义务并垫付医药费,不应再承担赔偿责任。生态园则认为,秋千当时未对外开放,有一个门是关着的,小嘉自行进入导致本次事故,自身存在过错。

　　最终,法院经审理后确定各方过错责任,由学校承担10%的责任,因为学校组织开展秋游研学活动,虽已制定了活动方案及安全应急预案,但更重要的是实际保障未成年人人身安全。即使事发时属自由活动时间,学校也应意识到小学生在脱离带队老师的管理与保护后可能存在安全隐患,故其在活动中就学生的安全管理存在一定疏忽,应对小嘉的损害后果承担相应的赔偿责任。

　　同时,旅行社承担50%的责任。因为旅行社对学生的安全保障义务应贯穿活动全程,其虽为每个班级配备了一名导游随行,但仍显不足,未能全程管理、保护学生,所应承担的安全保障义务及所存在的过错均较重,应对小嘉的损害后果承担相应的赔偿责任。

　　此外,生态园承担30%的责任。法院指出,生态园对其园内不对外开放的区域未加强管理,未设置任何安全警示标识,致使小嘉可以自由进入并使用秋千,亦属未尽到安全保障义务,应对小嘉的损害后果承担相应的赔偿责任。

　　法院也认定小嘉应自行承担10%的责任。因为小嘉对于使用园内设施可能存在的风险应具备一定的安全防范意识,发生事故其自身也存在一定过错。法院判决学校、生态园各向小嘉赔偿约1.5万元、4.6万元,旅行社扣除垫付的医药费后向小嘉赔偿约6.6万元。

　　(资料来源:《广州日报》。)

　　思考:根据以上案例,研学机构应该如何开展行后安全总结?

任务解析

　　该任务涉及的知识点有研学旅行行后的安全报告与总结。在研学旅行结束后,应立即进行安全情况报告与安全工作总结。这包括对整个研学旅行过程中的安全情况进行回顾,总结安全管理的成效与不足,以及提出改进措施。安全报告应详细记录研学旅行中的安全事件、处理过程及结果,为今后的研学旅行提供宝贵经验。

任务重点

　　(1)掌握行后安全总结工作的开展。

　　(2)了解行后安全报告的撰写。

任务难点

　　掌握行后安全回顾步骤。

任务实施

一、研学旅行行后安全回顾

（一）研学旅行行后安全回顾的重要性

1.总结经验教训

行后安全回顾能够对研学旅行过程中发生的安全事件进行梳理和分析,明确事件发生的原因、经过和结果,从而总结出宝贵的经验教训。这些经验可以为未来研学旅行的安全管理工作提供指导,避免类似事件的再次发生。

2.完善安全管理机制

通过安全回顾,可以发现研学旅行安全管理机制中存在的不足和漏洞。针对这些问题,可以制定相应的改进措施,完善安全管理机制,提高安全管理水平。这有助于确保未来研学旅行的安全顺利开展,降低安全事故的发生概率。

3.增强安全意识

安全回顾不仅是对事件的总结,更是对安全意识的强化。通过回顾和分析安全事件,可以让参与研学旅行的所有人更加深刻地认识到安全的重要性,增强他们的安全意识。这有助于形成良好的安全文化氛围,提高集体的安全防范能力。

4.提升应对能力

安全回顾还可以帮助学校和研学机构等相关方提升应对突发事件的能力。通过总结和分析安全事件,可以了解应急处理的方法和流程,提高应急响应的效率和准确性。这有助于在突发事件发生时,能够迅速、有效地应对,最大限度地保障学生的生命安全。

5.促进责任落实

安全回顾还可以明确各方在研学旅行安全管理中的责任和义务。通过回顾和分析安全事件,可以了解各方在事件中的表现和责任履行情况,从而促进责任的落实。这有助于形成齐抓共管的安全管理格局,确保研学旅行的顺利进行。

（二）行后安全回顾步骤

研学旅行行后的安全回顾是一个系统性的过程,旨在全面审视研学旅行过程中的安全管理工作,总结经验教训,为未来的活动提供改进依据。以下是一些关键的步骤和要点。

1.组织回顾会议

首先,应组织一次专门的回顾会议,邀请所有参与研学旅行的教师、工作人员、学生代表(如果适用),以及外部合作伙伴(如旅行社、研学基地等)参加。会议的主要目的是共同回顾和分析研学旅行中的安全情况。

2. 收集和分析数据

在会议之前,应收集与研学旅行安全相关的所有数据,包括但不限于安全事件的记录、安全检查的报告、学生和家长的反馈意见等。收集后应对数据进行详细分析,识别出成功之处和存在的问题。

3. 回顾安全预案执行情况

评估事先制定的安全预案在研学旅行过程中的执行情况。检查预案是否充分、有效,所有相关人员是否都清楚自己的职责,并在紧急情况下能够迅速响应。

4. 分析安全事件原因

如果研学旅行中发生了安全事件,应深入分析事件的原因。通过根本原因分析,找出问题的根源,防止类似事件再次发生。

5. 总结经验教训

基于数据分析和事件回顾,总结研学旅行中的安全管理经验教训。明确哪些措施是有效的,应该继续坚持;哪些措施需要改进或调整。同时,识别出潜在的安全风险点,为未来活动提供预警。

6. 沟通与反馈

将回顾结果和改进措施向所有相关人员进行沟通和反馈。确保每个人都了解研学旅行中的安全情况,以及未来需要改进的方向。同时,鼓励学生和家长提供反馈意见,以便进一步完善安全管理工作。

7. 制定改进措施

针对回顾中发现的问题和不足,制定具体的改进措施,这些措施可能包括加强安全教育、完善安全预案、优化行程安排、提升应急响应能力等。确保改进措施具有可操作性和可衡量性,以便跟踪其执行效果。

8. 持续跟踪与改进

安全回顾不应仅仅是一次性的活动,而应成为研学旅行安全管理中的一个持续过程。定期回顾安全情况,跟踪改进措施的执行效果,并根据实际情况进行必要的调整和优化。通过持续跟踪与改进,不断提升研学旅行的安全管理水平。

二、行后安全总结报告撰写

研学旅行行后安全总结报告是确保未来活动更加安全、顺利进行的重要环节。以下是一个概括性的框架。

（一）安全总结

（1）事件回顾：列举在研学旅行中发生的所有安全事件，包括事故、险情以及成功预防的潜在风险。对每个事件进行简要描述，包括时间、地点、涉及人员、事件经过及结果。

（2）原因分析：对发生的安全事件进行深入分析，找出直接原因和根本原因。应考虑人为因素、环境因素、设备因素等多方面原因。

（3）应对措施评估：评估在事件发生时采取的应对措施是否有效，包括应急预案的执行情况、救援行动的及时性等。分析应急资源的充足性和适用性，如急救设备、通信工具等。

（4）经验教训：总结在研学旅行中获得的经验教训，包括成功应对事件的策略和失败的教训。强调预防为主的原则，提出未来应如何避免类似事件发生的建议。

（二）反馈与建议

（1）参与者反馈：收集学生、教师、家长等参与者的反馈意见，了解他们对研学旅行安全管理的满意度和改进建议。

（2）分析反馈数据：识别出普遍关注的问题和具体的改进点。

（3）专家评估：邀请安全教育专家或行业顾问对研学旅行的安全管理进行评估，提出专业意见和改进建议。根据专家评估结果，调整安全管理策略和应急预案。

（4）改进建议：基于事件分析、参与者反馈和专家评估，提出具体的改进建议。建议内容应涵盖安全管理制度、应急预案、人员培训、设备更新等多个方面。

（5）未来规划：根据总结与反馈结果，制定未来研学旅行的安全规划。明确安全管理目标、责任分工、时间节点和预算安排。

（三）实施与监督

（1）制订实施计划：根据改进建议和未来规划，制订详细的实施计划。明确实施步骤、责任人和完成时间。

（2）监督与评估：建立监督机制，定期对实施计划的执行情况进行检查和评估。及时调整实施计划，确保改进措施得到有效落实。

⛵ **教学互动** --

根据所学内容，为项目三的案例撰写一份行后安全总结报告。表3-6为该任务的实施方案表。

表3-6　任务实施方案表

活动目的	(1) 掌握行后安全报告的撰写框架； (2) 提升学生梳理信息、分析问题与解决问题的能力； (3) 提升学生总结归纳与表达的能力
活动要求	(1) 明确个人任务； (2) 形成小组物化成果，并进行展示与汇报
活动步骤	(1) 结合所学知识，分析案例； (2) 查阅资料，收集梳理、归纳总结； (3) 教师指导，提出修改意见，完善报告； (4) 任务完成后进行成果展示与汇报
活动评价	学生自评、互评与老师点评相结合

课后练习

2018年4月24日，某实验学校为全面贯彻《关于开展中小学生研学旅行试点工作的通知》的要求，通过集体旅行、集中食宿的方式走出校园，以学校名义与旅行社签订了《团队境内旅游合同》。根据学生自愿参加原则，于2018年5月8日组织学校五年级五个班，共229名学生参加"魅力八里河、古都亳州二日研学"活动。彭某是实验学校五年级四班的学生，缴纳了425元报名费。学生们在八里河景区某桥梁上自一端向另一端行进时，因人数众多、场面拥挤，彭某不慎被桥头道路上的石墩绊倒，导致头面部摔伤。事故发生后，实验学校迅速启动活动方案中的安全应急预案，对彭某的伤口进行紧急处理，并在第一时间将情况告知其母亲。后经医院检查，彭某的两颗门牙在此次事故中折断、牙髓外漏。事故发生后，学校与旅行社相互推卸责任，致使彭某遭受的经济损失一直未得到赔偿。无奈之下，彭某向法院提起诉讼。经审理，法院综合考量实验学校与旅行社在此次事故中的过错程度，酌情判定责任承担比例：实验学校承担40%，旅行社承担60%。

思考：请分析导致该安全风险的原因，并谈谈防范此类安全风险有哪些有效的措施。

拓展阅读

《研学旅游服务要求》(LB/T 054—2025)节选

关于交通安全、住宿安全与食品安全等方面的服务要求，包括以下几个方面：

1. 交通安全

(1) 应确保车辆提供方建立汽车安全防控专项工作制度，充分评估在汽车承运全程中对参与者的安全影响。

（2）应在承运关键节点开展安全巡查，巡查内容包括车辆启动前后时段确保参与者处于安全位置，避免交通事故，参与者上下车时清点人数，防止走失等。

（3）应关注恶劣天气、地质灾害、突发事件等预告预警和提示，认真研判安全风险，及时调整活动安排及交通方式。

2.住宿安全

（1）应确保住宿提供方建有住宿服务安全防控制度。

（2）应排查住宿地设施设备安全隐患，如门窗、电器等。

（3）应安排住宿地值班及巡查，如查房、巡夜等。

（4）应确保住宿地安全监控设备运行正常。

3.食品安全

应确保餐饮经营者建有食品留样备查机制，每餐次或批次的易腐食品成品留样不少于125克，留样时间不少于48小时。

关于安全管理，包括以下几个方面：

（1）应建立研学旅游业务安全管理制度，组建安全防控团队，安排安全防控人员，明确岗位要求，开展安全管理考核。

（2）应对研学旅游产品和服务开展安全评估，识别风险源和风险因素，明确给出产品和服务能否执行和评估意见。

（3）应针对研学旅游产品和服务进行安全防控准备，包括安全方案制定；对研学旅游线路中的交通食宿、基地、营地进行实地勘察，排查安全隐患；准备必要的材料、设施设备、医疗物品、通信工具等。

（4）应明确安全防控要点，制定工作方案和应急预案，如人员走失、财物丢失、食物中毒、突发疾病、交通事故、溺水、自然灾害等。

（资料来源：中华人民共和国文化和旅游部科技教育司。）

项目小结

自研学旅行纳入中小学教育课程体系，安全管理就成了各级教育主管部门、中小学校、接待机构和家长们的首要任务。为确保研学旅行的顺利进行和学生们的身心健康，上述各方必须秉持"安全第一"的原则，采取各种措施，互相之间紧密配合，完善安全管理制度，加强研学旅行风险教育与构建完善的安全应急预案机制。

能力训练

某中学组织初二学生赴山区开展为期3天的"生态科考研学旅行"，行程包括野外徒步、河流水质检测、民宿住宿等环节。活动由学校教师（每班2名）和旅行社导游（每车1名）共同带队，未配备专业医护人员。研学第二天中午，学生在徒步途中突遇暴雨，导致以下突发情况：

（1）一名学生在河边不慎滑倒，右腿疑似发生骨折；

（2）三名学生因未携带雨具，淋雨后体温下降，出现明显发抖症状；

（3）团队与其中一个由五名学生组成的小组因信号中断失去联系。

请结合所学内容，分析该情景中存在的安全管理疏漏，提出至少三条改进建议；并对上述三种突发情况排出优先处理顺序，说明具体应对措施。

项目四
研学旅行安全教育与培训

学习目标

知识目标

（1）熟悉研学安全教育培训体系建构。

（2）掌握安全教育培训内容设计及配套机制。

（3）掌握研学旅行安全教育资源开发的路径。

能力目标

（1）能够针对常见的安全事件进行基本的应急操作。

（2）具有常见安全事件应急响应与实操能力。

（3）能开发常见安全事件教育资源。

素养目标

（1）强化安全意识与责任感。

（2）培养规则意识与环保意识。

（3）形成终身安全素养。

思维导图

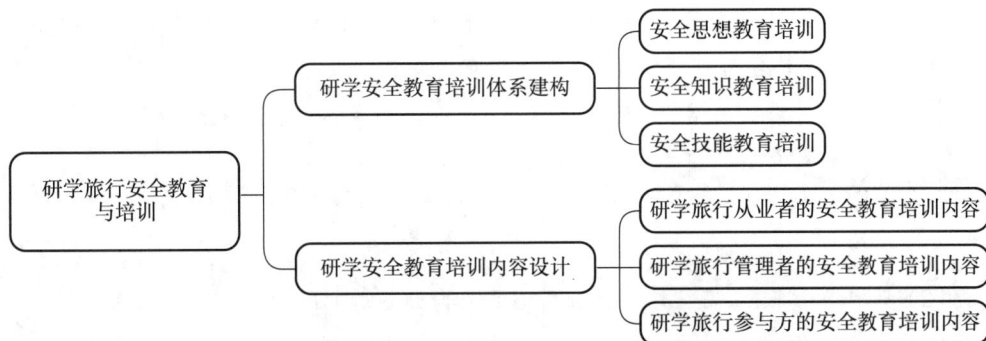

```
                                                  ┌─ 行前的安全教育培训
                          ┌─ 安全教育培训配套机制 ─┼─ 行中的安全教育培训
  研学旅行安全教育          │                      └─ 行后的安全教育培训
  与培训            ───────┤
                          │                      ┌─ 研学旅行安全教育资源开发的原则
                          └─ 研学旅行安全教育资源开发 ┤
                                                  └─ 研学旅行安全教育资源开发途径
```

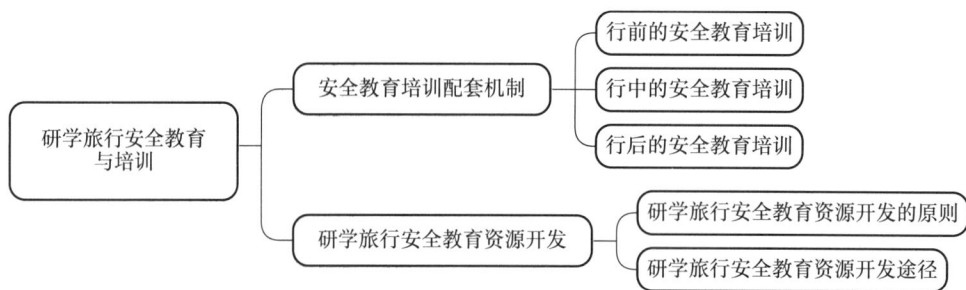

任务一 研学安全教育培训体系建构

任务导入

2024年某中学组织学生赴山区开展地质研学活动。大巴司机未接受专项交通安全培训,行车途中疲劳驾驶,导致车辆侧翻,多名学生受伤。事故发生后,随行教师因未掌握应急预案流程,未能及时组织学生疏散和开展急救,部分学生在慌乱中丢失财物,甚至因环境陌生误入危险区域。事后调查显示,研学机构仅简单向师生强调"注意安全",未开展系统安全教育培训,交通安全规范、应急预案演练、财物保管技巧等关键内容均未涉及,且安全责任制度不明确,存在明显漏洞。

任务解析

安全思想教育缺失、安全知识培训不全面、安全技能培训流于形式会导致安全事故发生,构建覆盖"行前—行中—行后"的全周期培训体系,融合知识传授、技能实操、应急联动的安全教育闭环。

任务重点

(1)研学活动涉及多样化场景(如野外、水域、实验室等),需针对不同场景提炼核心风险点,并将其转化为可理解、可操作的教育内容。

(2)安全责任需明确学校、基地、家长、学生四方角色,避免"真空地带"。

任务难点

(1)保障培训的实效性。

(2)研学场景多样,安全培训保证动态更新与适应性。

(3)落实政府、机构、学校三方责任,建立联合监督机制。

🌀 任务实施

研学旅行的安全教育培训是对认识、判断、反应全过程的系统性教育,主要涵盖安全思想教育、安全知识教育和安全技能教育三大核心板块。其中,安全思想教育是促进人们的思想观念,从"要我安全"转变到"我要安全";安全知识和安全技术教育是促使人们做到"我会安全"和"我能安全"。

一、安全思想教育培训

安全思想教育是提高思想认识、优化理念意识,使人在思想上产生安全的需要与动机,安全思想教育培训包括以下维度。

(一)专门法律法规

介绍与研学旅行相关的法律法规,如《关于推进中小学生研学旅行的意见》和《研学旅游服务要求》(LB/T 054—2025)等有关研学旅行及其安全相关的政策法规和制度规范,以及与旅行社、旅游景区等相关的法律法规。法律条文介绍方面重点解读关于承办方资质、安全责任划分的条款。解析《中华人民共和国未成年人保护法》中监护权临时转移的法律责任边界;熟悉校方在行程审批、应急预案中的主体责任;强化旅游资质、保险购买、安全协议的合规要求;深刻领会"告知知情同意书"签署的法律意义及风险告知义务。同时,详细解读培训保险条款(如意外险、责任险覆盖范围)和应急预案备案规范。

(二)安全共性要求

《中华人民共和国旅游法》《导游管理办法》《导游人员管理条例》等旅游领域的法律法规、管理制度与标准规范,同样适用于研学旅行领域。在地方层面,各地相关部门积极响应,通过发布整体性管理制度和政策规范,明确了研学旅行的安全要求。部分地区还针对研学旅行安全专门制定政策制度、出台标准规范,进一步细化安全管理措施。这些地方性法规与政策,结合当地实际情况,为研学旅行安全保障提供了更具针对性的指导。这些规章制度都强调研学旅行参与者应遵守一些安全共性要求。例如,在交通出行中严格遵守交通规则,确保行程安全;注重个人卫生,预防疾病传播;自觉保护环境,做到文明研学,共同维护良好的研学旅行秩序与环境。

(三)安全风险特征规律

学生群体研学旅行在"风险社会"背景下面临复杂的综合安全风险,主要表现为以下几点。

(1)安全对象特殊,参与者多为未成年人,风险敏感度高,组织方需承担监护责任;集体行动易引发群体性风险(如传染病扩散、踩踏事件)。

（2）综合环境复杂，风险场景范围广，户外场景易受天气、地质等不可控因素影响（如暴雨导致山路塌方）；陌生环境增加迷路、水土不服等风险。

（3）管理环节繁多，联合协作要求高。研学旅行涉及学校、旅行社、家长、基地等多个参与主体，各主体间责任划分存在模糊地带，易出现管理漏洞；信息不对称可能引发协调失误（如行程变更未及时通知）。

鉴于上述各类风险的叠加，研学旅行的风险管控难度大，安全防控投入成本高。表4-1、表4-2分别为研学安全风险类型的分布规律和研学安全风险时间维度规律。

表4-1　研学安全风险类型的分布规律

风险类别	高频风险	低概率高影响风险
人身安全	擦伤、中暑、食物中毒	交通事故、自然灾害（地震/洪水）
教育效果	活动设计偏离教学目标	突发事件导致活动完全中断
管理责任	沟通不畅导致行程延误	法律纠纷（如监护权争议）
技术依赖	设备临时故障（如讲解器失灵）	网络安全事件（隐私泄露）

表4-2　研学安全风险时间维度规律

阶段	主要风险	管理要点
筹备期	资质审核疏漏、保险未覆盖	合同条款审查、应急预案演练
执行期	突发天气、学生脱离监管	实时监控、动态调整行程
结束后	隐性伤害（心理创伤、慢性病）	跟踪反馈、建立长期健康档案

二、安全知识教育培训

安全知识教育旨在提升参与者对安全的正确认知、准确判断及快速反应能力，帮助其在研学旅行中精准识别危险因素，掌握消除风险源、规避危机与减轻损害的方法。依据研学旅行的安全需求进行知识分类，其内容涵盖多个关键类别，具体如下。

1. 交通安全

在往返研学地点（包括前往研学地和回城）以及开展研学旅行活动期间所涉及的各类交通出行过程中，需对可能发生的人身伤亡、财产损失等安全问题具备清晰的认知，并做好相应的风险把控。

2. 消防安全

聚焦火灾风险的预防与应对，主要包括对火灾危险性的认知、如何预防火灾、如何扑救火灾、如何从火场逃生，以及如何正确使用消防设施设备等。

3. 餐饮安全

餐饮安全涉及多个关键环节，如严格把控食品安全、保证用餐环境干净整洁、倡导卫生用餐习惯、关注过敏原问题、制定完善的餐饮安全问题解决方案等。

4. 住宿安全

住宿安全需要关注多个方面,包括检查住宿地点的消防设施是否完善、逃生路线是否清晰,查看门窗锁闭设施是否完好,关注住宿场所的卫生状况,关注游泳池等附属设施的安全要求,检查窗台与阳台的防跌落设施是否牢固等。

5. 研学主题活动安全

围绕知识科普、自然观赏、体验考察、励志拓展、文化康乐等各类主题研学活动,需强化相关安全认知。例如,在开展观赏自然景观的研学活动时,要提醒学生做好个人防护、注重运动损伤预防、保持与危险生物的距离等。

6. 财物安全

要重视研学旅行中学生随身财物的安全保管工作。明确学生随身携带的电子产品、衣物、钱财等物品的保管责任,提醒学生增强财物安全意识,妥善保管个人物品。

7. 环境安全

环境安全涵盖自然环境和活动区环境的安全保障,一方面要关注可能发生的自然灾害,另一方面要仔细排查存在安全隐患的自然地形地貌,以及各种可能产生安全威胁的设施设备等。

8. 心理安全

注重维护学生的心理安全,营造安全、自由的心理氛围,引导学生以积极、和谐的态度对待自身、他人和社会。

👀 知识活页

规范落实研学旅游安全管理和应急处置要求

旅行社要依法投保旅行社责任险、缴纳旅游服务质量保证金,针对研学旅游活动制定细致完善的安全管理制度,包括但不限于研学旅游安全管理工作方案、产品安全评估制度、安全教育培训制度等内容。要与研学旅游组织方签订安全责任书,明确各方安全责任,提醒并配合购买人身意外伤害险。要明确研学旅游团队行程、交通、住宿、餐饮等方面的安全管理责任人及具体职责。要制定应对暴雨、雷电、高温、大风、大雾、低温、寒潮、强降雪、冰冻、道路结冰等极端天气,以及火灾、食品卫生、传染病、突发疾病、交通事故、治安事件、局部战争冲突等突发事件的安全管理应急预案及操作手册,定期组织员工开展安全教育和培训演练以提升应急处置能力。要通过行前说明会、安全卡片、行程中强化安全提示等多种有效方式,向研学旅游团队成员及随队老师和监护人持续开展安全教育和提示提醒。要根据研学旅游行程距离科学合理选择交通工具,乘坐大巴车时随队导游要实时提醒驾驶员不超速、不超载、不超员,合理安排行程,尽量避免夜间走山路,督促全车人员系好安全带并逐一检查。研学旅游行程中如遇突发情况时,随队导游应按照应急预案快速处置并及时通知旅行社负责人、学生法定监护人和学校负责人,旅行社应第一时间上报文旅等相关行政管理部门,在境外时还应及时向我驻当地使领馆报告。

（资料来源:节选自北京市文化和旅游局《北京市文化和旅游局关于印发〈北京市旅行社组织或承办未成年人研学旅游服务规范(3.0版)〉的通知》。)

三、安全技能教育培训

安全技能教育培训是一项重要工作,其核心目的在于提升安全行为的规范性,帮助人们克服在紧急情况下的本能冲动反应,掌握防灾避险、应急处置以及紧急救援等方面的实用技巧与能力。通过安全技能培训,人们能实现从"我能安全"到"我会安全"的转变与升级,达成安全领域"应知应会"和"知行合一"的目标。安全技能培训涵盖以下几个方面。

(一)工作制度

教育主管部门、文旅、交通、卫生等各相关部门需协同联动,与研学旅行活动中的主办方(如学校)、承办方(如旅行社)、供给方(如研学基地、营地),以及学生和家长共同构建研学旅行安全管理工作体系。为此,组织方、承办方及供应方应针对研学旅行活动,分别制定流程化的安全管理制度,构建完善有效的安全防控机制,包括申报审批流程、集合汇报与请销假制度、风险排查制度、列队制度、行前动员制度、技术保障制度、信息反馈制度等。

(二)技术规程

技术规程是指基于研学旅行过程中的客观要求,针对设计、操作、建筑、用火、用电、危险物品管理、设备使用和维修所做的安全技术规定。它是指导研学旅行服务和安全活动规范化的准则,包括操作规程、设备维修规程、安全技术规程、设施设备使用规程等。

(三)责任制度

构建以学生为中心,政府(含相关部门)为主导,主办方、承办方、供应方及家长共同参与的责任体系,明确研学旅行过程中的各方所担负的安全工作范围、内容、任务和责任。

图4-1为研学活动申请与审批流程图。

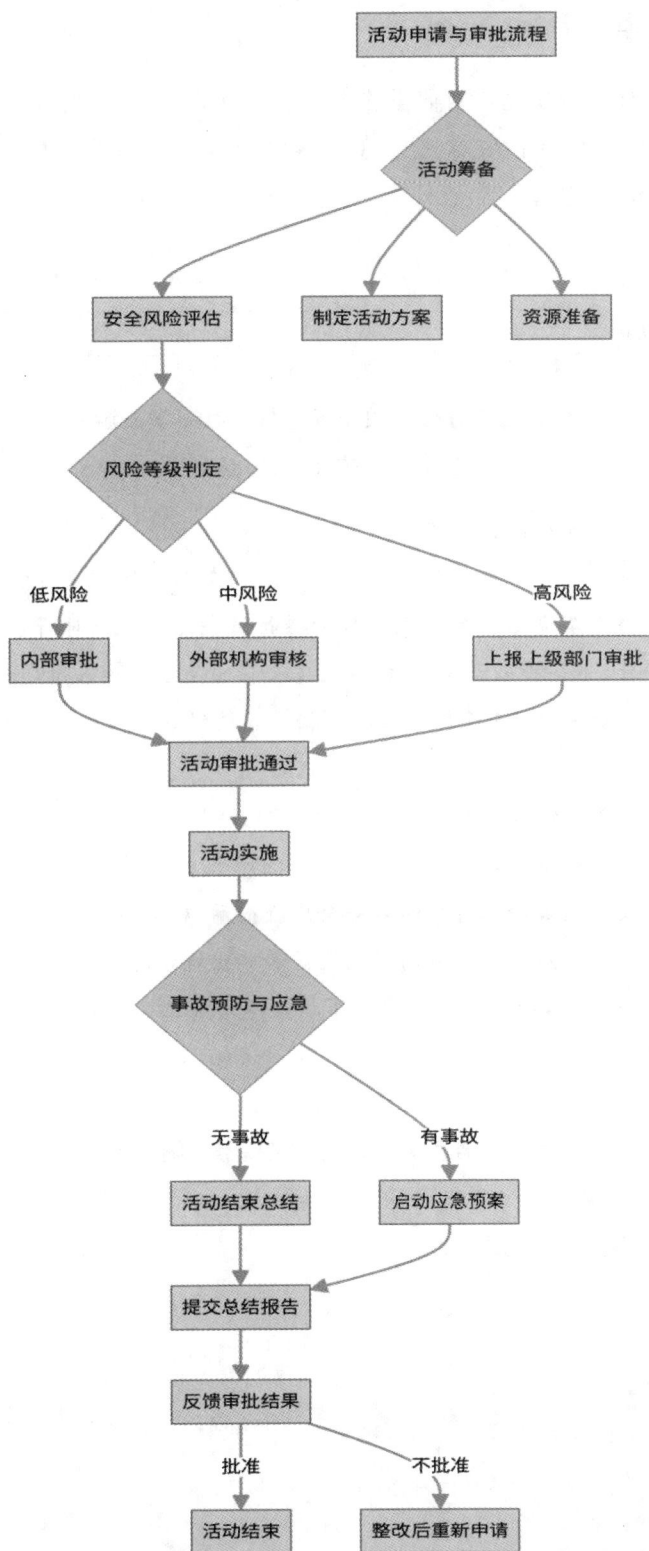

图4-1 研学活动申请与审批流程图

（四）安全计划和应急预案

安全计划和应急预案是应对研学旅行风险的总体方案,涵盖防范计划与应急计划,包括针对自然灾害、事故灾难、公共卫生事件、社会安全事件等安全风险的防范和应对措施,以及团队走散、迷路,意外伤害、身体疾病、急救等常见突发事件的应急处理措施。

知识活页

文化和旅游部办公厅关于促进旅行社研学旅游业务
健康发展的通知(节选)

1.强化研学旅游安全管理

旅行社应选择具备资质的供应商、合作商;与具备研学旅游资源的机构开展合作应注意其是否具备开放条件和接待服务能力。应对研学旅游产品进行安全评估,不得将未开发开放、缺乏安全保障的区域纳入研学旅游产品。应全面落实旅行社用车"不租用未取得相应客运经营许可的经营者车辆"等"五不租"规定。

2.防范出境研学旅游风险

旅行社组织开展赴境外研学旅游活动应密切关注外交部和驻外使领馆发布的海外安全提醒和旅游目的地安全风险提示,就当地安全风险作出真实说明和明确提示。应避免前往高风险地区和非出境旅游目的地国家和地区。应做好行前安全培训,制定境外突发事件应急处置预案。在境外期间,应引导参与者自觉遵守目的地国家和地区的法律法规,尊重当地宗教习俗和风俗习惯。发生重大突发事件,应及时向我驻当地使领馆报告。旅行社和在线旅游经营者发布研学旅游产品应对活动内容及宣传进行严格把关,确保境外安排的活动、项目符合我国法律、法规和社会公德。

（资料来源:文化和旅游部办公厅。）

课后练习

1.研学旅行安全重点内容包括哪些?

2.安全思想教育培训的共性要求是什么?

任务二　研学安全教育培训内容设计

任务导入

某市第一中学计划组织春季研学旅行,目的地为当地地质公园。行前,学校仅对带队教师进行了简单的安全告知,未开展系统性安全教育培训。研学过程中,一名学生因擅自离队探索未开放区域导致摔伤,暴露出以下问题:(1)学生未充分了解行程安排和禁区范围,缺乏纪律意识;(2)带队教师未及时制止危险行为,应急处理能力不足;(3)家长对活动安全风险认知不足,未配合学校开展行前安全教育。

此次事件引发社会关注,教育局要求该校重新设计涵盖全员、全流程的研学安全教育培训方案。

任务解析

学生安全教育缺失,对安全风险预判不足;管理者培训不足,导致应急处理不当;家长没参加培训,家校协同薄弱,最终导致安全事故发生。

任务重点

(1)分层次设计培训内容,研学旅行各相关方有针对性地开展培训。

(2)对研学安全开展动态化风险评估。

任务难点

(1)学校、基地、旅行社、家长多方协同机制构建。

(2)平衡研学旅行安全教育培训的长效性与实效性。

任务实施

针对研学旅行的从业者、管理者、参与方等不同主体,开展多层次、全员化的安全教育培训内容设计和实施,达到安全教育培训的针对性。

一、研学旅行从业者的安全教育培训内容

(一)安全重点岗位工作人员

研学旅行活动场所的水、电、气、热等关键部位的管控人员,实验室、体验场所、游乐设施设备等特种设备的操作人员,搭建工作人员和关键部位的安保人员等上岗之前

需要经过与本工种相适应的、专门的安全技能培训和操作训练,如岗位操作规程,设备安全知识等。经安全技术理论考核和实际操作技能考核合格,取得(有规定许可的)上岗证和达到熟练程度的方可上岗作业。每年要定期对其进行安全知识培训和考核。

（二）普通从业者的安全教育

将职工安全教育培训制度化、经常化,培养研学旅行从业人员的安全意识,普及安全常识,提高研学旅行从业人员的安全事故应对意识和技能。为此,需要建立健全员工安全培训制度,包括在岗安全培训和其他安全知识培训;确保员工了解研学旅行活动中风险的特征及危害,掌握自身岗位的安全管理流程,规范研学旅行服务安全操作;增强集体协调意识,熟悉身边工作人员的职责;提高员工识别危险及有害因素的能力,在日常工作中对危险有害因素进行提醒、检查和监督;提高员工应急能力,掌握应急职责和义务和各种可能发生的突发事件的基本应对方法;学会使用各种应急救援设施、设备,如消火栓、灭火器;学习和掌握自救、互救知识,如伤口包扎、人工呼吸、人工心肺复苏等。

二、研学旅行管理者的安全教育培训内容

研学旅行管理者主要包括作为委托方的学校,以及教育、文旅、交通、卫生等政府相关部门,其安全教育内容主要包括安全生产的方针、政策、法律法规、规章制度、管理职责,安全技术与技能、劳动卫生和安全文化知识,事故报告与处理、典型案例分析及应急措施处置等。通过开展针对性的教育培训,提高研学旅行管理者的风险识别能力和安全管理能力,增强其对安全信息的敏感度,将安全管理全面融入研学旅行的日常管理工作中。

安全管理人员的主要职责涵盖了活动的各个环节。在活动筹备阶段,他们须参与方案的设计与审核,从安全角度出发,对活动路线、场地、设施等进行全面考量与评估,确保所有环节都符合安全标准;在活动进行期间,他们要全程跟踪监控,对可能存在的安全隐患进行细致排查与消除;针对可能发生的突发事件,如突发疾病、意外伤害等,应制定详细的应急处理预案,并确保每一位参与者都了解预案内容及应对措施。此外,为了进一步提升全体师生的安全防范意识和应对突发事件的能力,安全管理人员还需定期组织内部培训及演练活动。这些培训内容可能包括但不限于消防安全知识培训、急救技能培训、防灾减灾演练等。通过这些培训活动,增强全体师生的安全防范意识及技能水平。

🔭 知识活页

在研学旅行策划与管理(Education and Entertainment Planning and Management,EEPM)人才培养中,初级、中级、高级人才的要求呈递进关系(见图4-2),由上至下要求逐步提升。安全是所有EEPM人员需坚守的底线标

准;从左往右,各项能力要求逐级增强,且高级人才已掌握低级人才所需技能。

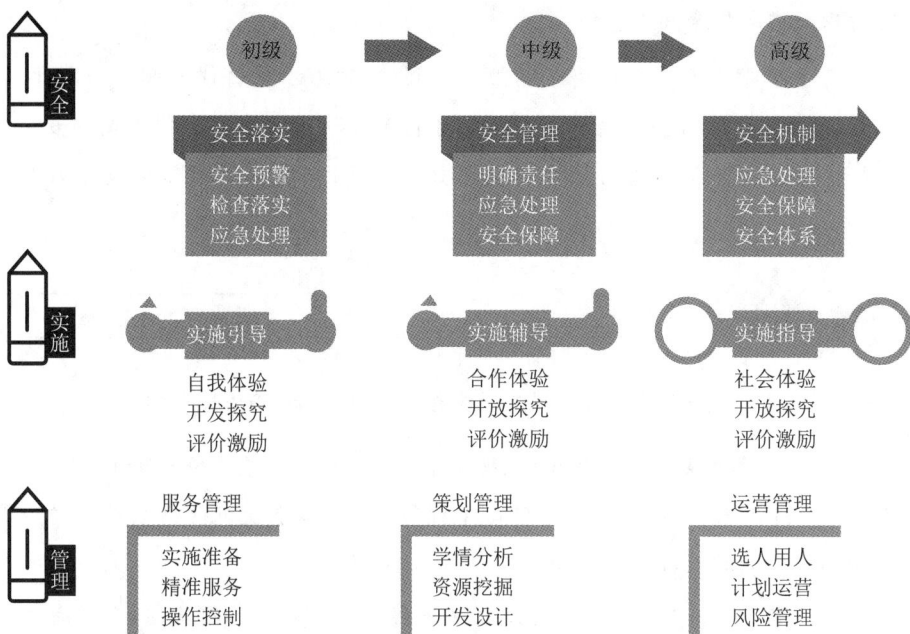

图4-2　EEPM职业技能等级证书安全标准要求

三、研学旅行参与方的安全教育培训内容

学生是研学旅行安全事故的直接受威胁的对象,其应对风险的能力直接决定了安全事件对研学旅行的影响程度。针对学生的研学旅行安全教育应包括以下几点。

1. 让学生熟知研学旅行的行程安排

学生需要熟知行程路线和经过地点、停留时间、集合地点、乘坐车辆信息,就餐和休息的地点时间等。

2. 对学生进行研学旅行纪律教育

要求学生随时与班集体保持步调一致,不能随意离队,佩戴好研学旅行团队标志,严格遵守交通规则,远离水域等危险区域,不接受陌生人的饮料、食物等。

3. 向学生普及研学旅行安全常识

引导学生了解和学习旅行过程中的潜在风险,加强对风险的关注,提升风险应对能力,学习安全上下车、晕车、突发疾病、摔伤、落水、交通事故等方面的安全事故防范知识,做好应对突发问题的心理准备。

4. 对学生进行研学旅行应急演练

包括针对微小事故的自主救护或互帮互助,紧急状况下第一时间向带队领导和教师报告并拨打120急救电话或110报警电话求援,综合提升学生应对事故的良好心理素质水平和积极参与处置事故的能力。

5.对家长进行安全知识培训

家庭是中小学生安全意识启蒙的第一空间,发挥着不可替代的作用。因此,家长应及时更新安全知识,提升自身安全素养,让青少年学生在潜移默化中增强安全防范意识,还应主动参与学校和社会的安全教育宣传活动,配合开展学生安全教育培训活动。

知识活页

湖北宜昌:消防课堂进学校　筑牢安全"防火墙"

为进一步普及消防安全知识,提高学校师生的消防安全意识和自防自救能力,2024年2月26日,湖北省宜昌市猇亭区消防救援大队走进实验小学六泉湖校区开展消防安全疏散演练及培训活动。

活动现场,宣传人员充分考虑到学生群体安全意识相对淡薄、自防自救能力不足的现状,采用生动有趣的方式,深入浅出地讲解了发生火灾如何报警,如何正确使用灭火设施,如何扑救初期火灾,如何进行疏散逃生等消防安全知识。随后,全校师生共同参与了紧张有序的疏散演练活动。

为了让学生们更直观、高效地掌握灭火器的正确使用方法,宣传员手把手指导学生使用灭火器灭火。同时宣传员还特别提醒同学们要从自身做起,养成良好的消防安全习惯,不玩火、不随意触碰电气设备,爱护身边的消防设施器材,积极主动地发现并消除火灾隐患,共同营造安全的校园和家庭生活环境。

通过此次活动,全体师生的消防安全意识得到有效增强,学生对消防知识的理解加深了,能够在发现火灾时冷静正确应对,而且校园抗御火灾事故的能力也切实提升。活动营造了"人人参与消防、事事注意安全、处处做到预防"的浓厚氛围,为校园消防安全筑牢了坚实防线。

（资料来源:湖北消防。）

课后练习

1.研学旅行安全重点岗位工作人员上岗前必须满足哪些条件?

2.针对学生的安全教育内容中,要求学生掌握些应急能力?

Note

任务三　安全教育培训配套机制

任务导入

某市实验中学组织学生赴山区开展为期三天的地质研学活动。行前,主办方(学校)仅通过班会简单强调纪律,未制定详细的安全预案,也未召开家长会说明风险。承办方(旅行社)未对学生进行安全技能培训,仅安排一名无应急经验的导游带队。行中,一名学生在溪边不慎滑倒致骨折,导游因缺乏急救知识未能及时处理,家长得知后质疑学校管理失职。事后,学校未及时对此次研学活动进行总结,也未完善后续安全机制,导致同类事故在次年的研学活动中再次发生。

任务解析

行前安全教育培训能够提高参与者的安全意识和自我保护能力,还能通过法律法规的学习、针对性的技能培训和长期机制的建立,有效预防事故的发生,减少风险,并为参与者提供全面的安全保障。本次事故反映出:

(1)行前安全教育缺失:主办方未落实培训计划、安全备案和家长沟通,导致师生对风险认知不足;

(2)承办方未培训学生安全技能,违反行中安全意识培训要求。

(3)行中管理漏洞:未选聘专业督导,导游应急能力不足,未能履行主动监督职责;家长未参与全程督导,信息沟通断层。

(4)行后机制缺位:未建立事后恢复机制,未通过案例复盘改进流程,导致问题重复发生。

任务重点

(1)开展覆盖行前、行中、行后全流程的系统化教育培训。

(2)研学相关各方要协同开展培训。

任务难点

(1)主办方、承办方、监管方的责任划分与落实。

(2)安全教育的持续性与实效性。

(3)整合交通、医疗、社会机构等各方资源。

🌀 任务实施

　　针对研学旅行的行前、行中、行后等不同阶段和环节,开展全流程、全方位的安全宣传教育配套机制设计、管理和实施,提升安全宣教实效性。

一、行前的安全教育培训

　　研学旅行的承办方(Undertaker,与研学旅行活动主办方签订合同,提供教育旅游服务的旅行社)和供应方(Supplier,与研学旅行活动承办方签订合同,提供旅游地接、交通、住宿、餐饮等服务的机构),应切实开展以下安全宣教工作及其配置机制建设。

（一）工作人员安全教育

　　应制订安全教育和安全培训专项工作计划,定期对参与研学旅行活动的工作人员进行培训,培训内容包括安全管理工作制度、工作职责与要求、应急处置规范与流程等。

（二）学生安全教育

　　应对参加研学旅行活动的学生进行多种形式的安全教育,应提供安全防控教育知识读本,召开行前说明会,对学生进行行前安全教育,承办方应为研学旅行活动配置一名项目组长,项目组长全程随团活动。

（三）相关人员教育

　　至少为每个研学旅行团队配置一名安全员,安全员在研学旅行过程中随团开展安全教育工作;至少为每个研学旅行团队配置一名研学导师,研学导师负责制订研学旅行教育工作计划,在带队老师、导游员等工作人员的配合下提供研学旅行教育服务;至少为每个研学旅行团队配置一名导游人员,导游人员负责提供导游服务,并配合相关工作人员提供研学旅行教育服务和生活保障服务。

（四）主办方

　　学校一般作为研学旅行的主办方(Organizer,有明确研学旅行主题和教育目的的研学旅行活动组织方)和委托方。主办方职责如下。

1.培训计划

　　应制订明确的安全教育培训计划,做好行前安全教育工作,负责确认出行师生购买意外险,投保校方责任险,并与家长签订安全责任书。尤其要加强学生的安全教育和文明出行教育,通过发放教育手册、召开主题班会等多种形式,指导学生熟悉必备的安全知识,学会规避和远离危险区域和场所,掌握遇到突发情况时的自我保护措施和求助方式等。

2. 安全备案

应向区教委提交组织方案、安全和应急处置预案等材料，报所属区教委审核备案；委托有合法经营资质、信誉良好的承办方或提供方，签订相应的合同或协议，明确各方安全责任，留存其相应的资质证明材料、所购研学实践教育责任保险等，做到"活动有方案，行前有备案，应急有预案"。

3. 召开家长会或准备"致家长一封信"

要通过召开家长会或"致家长一封信"等形式告知家长活动意义、时间安排、出行线路、费用收支、学习内容和有关注意事项等信息，以及承办方的信息，以便家长充分了解活动组织情况。

（五）监管方

1. 教育行政部门

教育行政部门应牵头成立研学旅行工作协调小组，制定安全保障方案，发挥行政监督作用，督促组织方落实安全责任，对组织方报送的活动方案和应急预案进行审核，确认组织方已经为研学旅行活动购买保险等。

2. 文旅部门

文旅部门应对研学旅行服务的企业与机构的资质进行审核并设置准入条件，就相关服务内容制定安全标准，提升相关企业的服务能力和安全认知水平。

3. 交通部门

交通部门应对提供研学旅行交通服务的运输企业进行监管，督促其使用安全合规的交通工具，并配备经验丰富的驾驶人员。

4. 公安部门

公安部门应及时查处研学旅行交通工具违法行为，并与食品药品监管部门对提供研学旅行住宿、餐饮等服务项目的经营场所进行安全监督；保险监管部门则应指导保险业提供与研学旅行活动相关的适宜险种。

知识活页

中小学综合实践活动课程指导纲要（节选）

1. 网络资源开发

地方教育行政部门、教研机构和学校要开发优质网络资源，遴选相关影视作品等充实资源内容，为课程实施提供资源保障。要充分发挥师生在课程资源开发中的主体性与创造性，及时总结、梳理来自教学一线的典型案例和鲜活经验，动态生成分年级、分专题的综合实践活动课程资源包。各地要探索和建立优质资源的共享与利用机制,打造省、市、县、校多级联动的共建共享平台,为课程实施提供高质量、常态化的资源支撑。

2.硬件配套与利用

学校要为综合实践活动的实施提供配套硬件资源与耗材,并积极争取校外活动场所支持,建立课程资源的协调与共享机制,充分发挥实验室、专用教室及各类教学设施在综合实践活动课程实施过程中的作用,提高使用效益,避免资源闲置与浪费。有条件的学校可以建设专用活动室或实践基地,如创客空间等。

地方教育行政部门要加强实践基地建设,强化资源统筹管理,建立健全校内外综合实践活动课程资源的利用与相互转换机制,强化公共资源间的相互联系和硬件资源的共享,为学校利用校外图书馆、博物馆、展览馆、科技馆、实践基地等各种社会资源及丰富的自然资源提供政策支持。

3.经费保障

地方和学校要确保开展综合实践活动所需经费充足,支持综合实践活动课程资源和实践基地建设、专题研究等。

4.安全保障

地方教育行政部门要与有关部门统筹协调,建立安全管控机制,分级落实安全责任。学校要设立安全风险预警机制,建立规范化的安全管理制度及管理措施。教师要增强安全意识,加强对学生的安全教育,提升学生安全防范能力,制定安全守则,落实安全措施。

(资料来源:中华人民共和国教育部。)

二、行中的安全教育培训

(一)选好研学总督导

学校应由校级领导作为代表,督导研学旅行活动按计划全程开展,配齐配足安全保障力量,选择责任心强、能力突出、学生认可度高的教师担任带队老师。

(二)主动监督

学校主动监督承办方选择的食宿、交通等服务供应方的资格资质、服务内容、安全条件等情况,监督承办方、供应方提供的研学服务是否合规合法并符合学生年龄特点。

(三)承办方培训学生安全意识

承办方在研学旅行过程中对学生进行安全知识教育,根据行程安排及具体情况及时进行安全提示与警示,强化学生安全防范意识。

（四）培训家长全程督导

家长应及时通过组织方全面了解研学旅行活动意义、时间安排、出行线路、费用收支、注意事项等信息，全程监督研学旅行活动的开展；家长应及时关注研学旅行活动的进展情况，保持与学生的信息沟通渠道畅通，第一时间了解学生的身心变动状况，以及研学旅行活动中存在的安全问题；当发现活动安排存在安全隐患时，应及时与组织方沟通并要求其提出合理的应对方案。

三、行后的安全教育培训

教育等行政部门应结合我国中小学生研学旅行的发展实际，进一步将研学旅行安全教育纳入中小学生的课程体系，制定《研学旅行安全风险教育大纲》等政策文件，并通过现代媒体加大对安全风险教育的宣传；在政策文件的指导下，学校应根据自身的情况，总结研学旅行活动，进一步合理开发安全教育课程，拓展安全教育形式和内容，提升中小学生的安全意识，增强中小学生的安全防范能力；承办方应对各方面反馈的质量信息及时进行汇总分析，明确产品中的主要缺陷，找准发生质量问题的具体原因，通过健全制度、加强培训、调整供应方、优化产品设计、完善服务要素和运行环节等措施，持续改进研学旅行服务质量。

课后练习

1. 针对行中安全教育培训，学校应该选择谁来担任研学总督导？

2. 行后的安全教育培训要求将研学旅行安全教育纳入课程体系，这一职责主要由谁承担？

3. 家长在研学旅行过程中发现安全隐患时，正确的做法是什么？

任务四 研学旅行安全教育资源开发

任务导入

某市实验中学为提升学生研学实践安全素养，计划针对初、高中学生开发分层次的安全课程。调研发现，初中生对化学品标识认知模糊，高中生普遍缺乏事故应急处置经验。此前的研学活动中，有学生在实验时误将酸性废液倒入碱性废液桶从而引发反应，导致轻微烧伤，暴露了课程内容笼统、实操训练不足、风险评估缺失等问题。为此，学校拟设计分层教学内容，结合虚拟仿真技术开发互动工具，并构建实验室安全行为训练系统。

任务解析

安全教育内容设计需要考虑分层内容开发。

初中阶段：聚焦"化学品标识识别"，利用AR技术扫描试剂瓶标签，触发三维动态标识解析（如腐蚀性、易燃性图标）。

高中阶段：升级为"实验事故应急处置"，通过变色试剂模拟泄漏场景（如酚酞遇碱变红模拟酸碱反应），学生需快速选择中和剂（碳酸氢钠或硼酸）并计算配比。

任务重点

（1）明确目标导向设计：将核心安全目标嵌入课程研发环节。

（2）了解如何分层开发资源：低年级通过校园安全迷宫（实景游戏）学习基础避险动作；高年级利用Unity3D构建山区暴雨VR场景，结合体感设备模拟滑坡冲击。

（3）掌握课程资源的开发要领。

任务难点

（1）创新安全教育方式，激发学生参与动力。

（2）降低高端设备（如VR、智能监测系统）成本，提高普及性。

任务实施

一、研学旅行安全教育资源开发的原则

（一）目标导向原则

目标导向是研学安全教育资源开发的首要原则。这意味着资源开发必须紧密围绕研学旅行的安全目标进行，确保所有内容、活动和资源都旨在提升学生的安全意识、自我保护能力和应急处理能力。具体包括以下几点。

1. 明确安全目标

资源开发前，应明确研学旅行的安全目标，如预防交通事故、食品安全事故、自然灾害等。

2. 目标具体化

将安全目标细化为可操作、可衡量的具体指标，如学生能够正确识别并遵守交通规则，了解基本的食品安全知识等。

3. 目标导向性设计

在设计资源时，确保每个活动、每个知识点都直接服务于安全目标，避免偏离主题。

（二）分层设计原则

分层设计原则强调根据学生的年龄、认知水平和经验背景,匹配小学、初中、高中不同学段的认知能力,设计不同层次的安全教育资源,这有助于确保资源的针对性和有效性。

1.年龄分层

针对不同年龄段的学生,设计符合其认知水平和兴趣点的安全教育资源。例如,低年级学生可能更倾向于通过游戏和故事学习相关安全知识,而高年级学生则可能更适合通过案例分析和模拟演练来提升安全意识。

2.认知水平分层

根据学生的认知水平,设计从基础到深入的安全教育内容。基础内容可能包括基本的安全规则和标识识别,而深入内容则可能涉及复杂的应急处理流程和自我保护技巧。

3.经验背景分层

考虑学生的地域、文化和生活经验背景的差异,设计贴近学生实际的安全教育资源,以提高其相关性和吸引力。

（三）场景还原原则

场景还原原则强调通过模拟真实的研学旅行场景,让学生在接近真实的环境中学习和体验安全知识,这有助于提高学生的情境感知能力和应对能力。

1.真实场景模拟

利用虚拟现实、增强现实等技术手段,模拟研学旅行中可能遇到的各种安全隐患场景,如交通事故现场、自然灾害现场等。

2.情境体验

让学生在模拟的场景中参与角色扮演、应急处理演练等活动,亲身体验安全知识的应用过程。

3.情境反馈

通过模拟场景中的即时反馈机制,让学生了解自己在安全行为上的不足,并引导他们进行改进和提升。

（四）参与互动原则

参与互动原则强调通过设计互动性强的安全教育资源,激发学生的学习兴趣和参与度,从而提高安全教育的效果。

1. 互动式设计

利用问答、游戏、小组讨论等形式，增加资源的互动性，使学生在参与过程中主动学习安全知识。

2. 合作与竞争

通过小组合作、团队竞赛等方式，激发学生的合作精神和竞争意识，促使他们在互动中学习安全知识。

3. 反馈与激励

及时给予学生正面反馈和奖励，以激励他们积极参与安全教育活动，提高他们的学习动力和兴趣。

二、研学旅行安全教育资源开发途径

（一）研学旅行安全内容资源库建设

1. 资源收集与整合

广泛收集各类安全教育资料，包括文字资料、图片、视频等，这些资料源自网络、传统媒体、图书馆、政府部门等多种渠道，要对其进行筛选、分类和整合，以确保资源的准确性和时效性。

2. 课程研发

结合研学旅行的特点和需求，研发针对性的安全教育课程。制定详细的课程大纲和教学计划，确保课程内容与研学旅行的实际情境相匹配。这些课程可以涵盖交通安全、食品安全、消防安全、自然灾害应对等多个方面。

3. 专家咨询与评审

邀请安全教育领域的专家、学者和一线教育工作者参与课程研发和资源库建设的咨询与评审工作。通过专家咨询和评审，确保资源库的内容科学、合理、实用。表4-3为研学旅行安全内容资源库示例。

表4-3　研学旅行安全内容资源库示例

资源类型	开发方法	示例
标准化课程包	联合教育专家、救援机构开发模块化课程	《户外生存10大安全法则》微课＋实操手册
风险案例库	收集历年研学事故报告，制作3D动画还原事故	山洪逃生案例VR模拟（呈现风险传导过程）
应急技能手册	图解式操作指南（CPR、止血包扎、迷路自救）	《研学急救口袋书》（含二维码链接视频演示）

续表

资源类型	开发方法	示例
法律规范汇编	整理《中华人民共和国未成年人保护法》《研学旅游服务要求》等条款,转化为学生易懂的漫画故事	《我的权利手册:研学中的法律保护》

(二)研学旅行安全互动体验资源开发

互动体验资源开发在研学旅行安全教育中扮演着至关重要的角色。通过创新的互动体验方式,可以极大地提高学生的学习兴趣和参与度,从而更有效地传递安全知识和技能。

1.虚拟仿真(VR/AR)资源开发

(1)沉浸式训练系统开发。

① 自然灾害逃生训练。利用VR技术构建逼真的自然灾害场景,如地震、洪水、火灾等,让学生在虚拟环境中体验逃生过程,学习正确的逃生技巧和应对策略。

② 交通事故避险训练。通过AR技术模拟交通事故场景,让学生在模拟的驾驶环境中学习如何应对紧急情况,如急刹车、避让障碍物等,以提高他们的交通安全意识和应急处理能力。

(2)技术应用实例。

① Unity3D引擎构建山区暴雨逃生场景。使用Unity3D游戏引擎开发山区暴雨逃生模拟系统。该系统可以模拟山区暴雨引发的滑坡、泥石流等自然灾害场景,学生通过佩戴VR设备进入虚拟环境,体验逃生过程,并学习如何在滑坡冲击等危险情况下保护自己。

② 体感设备模拟滑坡冲击。结合体感设备,如动作捕捉器、力反馈设备等,增强学生在虚拟环境中的沉浸感和交互性。例如,在模拟滑坡冲击的场景中,学生可以通过体感设备感受到滑坡带来的冲击和不稳定,从而更加深刻地理解滑坡的危害和逃生技巧。

2.实景游戏化学习资源开发

(1)校园安全迷宫设计。

在校园走廊等公共区域设置安全迷宫游戏,将火灾逃生、防踩踏等安全知识点融入迷宫设计中。学生通过参与迷宫游戏,学习如何在火灾等紧急情况下快速找到安全出口,以及如何在人群中避免踩踏事故。

(2)研学安全桌游开发。

设计以研学安全为主题的桌游,通过卡牌博弈的方式让学生学习风险决策。例如,在游戏中设置不同的天气和地形条件,学生需要根据这些情况决定是否继续登山、过河等探险活动。通过游戏过程中的决策和讨论,学生可以更加深入地了解研学旅行中的安全隐患和应对策略。

（三）研学旅行安全数字化平台构建

1. 在线学习平台

构建在线学习平台,将安全教育资源库的内容以数字化形式呈现给学生。在线学习平台应具备丰富的多媒体资源、便捷的学习工具和互动的学习社区等功能,以满足学生的多样化学习需求。学生可以通过电脑、手机等终端设备进行在线学习和交流。

2. 移动学习应用

开发移动学习应用,如安全教育APP等。移动学习应用应具备简洁明了的界面设计、便捷的操作流程和丰富的学习内容等特点,以提高学生的学习体验和效果。这些应用可以随时随地为学生提供安全教育服务,方便学生在日常生活中学习和实践安全知识。

3. 数据管理与分析

建立数据管理系统,对学生的学习数据、行为数据等进行收集和分析。通过数据分析,可以更加精准地了解学生的学习需求和问题所在,从而为学生提供更具个性化的学习支持和帮助。这些数据可以用于评估学生的学习效果、优化教学资源和服务等。表4-4为研学旅行安全资源开发评估指标示例。

表4-4　研学旅行安全资源开发评估指标示例

维度	量化指标	质性评价
知识掌握度	安全知识测试正确率提升≥30%	学生能复述风险处置流程
行为改变率	擅自离队发生率下降至<0.5%	教师反馈学生主动提醒同伴系安全带
应急响应速度	模拟演练中疏散时间缩短至标准值的80%	学生遭遇突发状况时能冷静使用求救哨

安全教育是一个长期的过程,研学旅行资源开发应随着时代的发展和社会的变化不断更新,确保学生接收到最新的安全知识。根据学生的学习反馈和实际情况,资源开发还应进行动态调整,确保教育内容的针对性和实效性。

课后练习

1. 目标导向原则中,资源开发的步骤有哪些?

2. 安全内容资源库建设中,专家咨询的作用是什么?

3. 简述场景还原原则如何通过技术手段提升学生的安全应对能力。

🔭 拓展阅读

让安全教育"动"起来！研学旅行推动中小学安全科普教育发展

　　2023年10月19日，由重庆市时英安全教育研究院、重庆市旅游商会联合主办的"时英安全体验公园"中小学生社会实践基地推介会成功举办。20余家重庆市旅游商会会员单位、文旅行业代表参与本次交流活动。上午，在时英安全教育研究院工作人员的陪同下，各位嘉宾重点参观了研学基地内的室外教学体验区、室内综合安全教育体验区、交通安全主题研学区等核心区域。参观过程中，代表们详细了解了研学基地的各项教育设施和课程设置，亲身体验了VR、互动雷达、体感识别等数字化教学设备，对时英安全体验公园"学练一体"的教学模式给予高度认可。

　　在随后的中小学生安全教育工作会上，围绕交通安全、消防安全、户外安全、居家安全、应急救护五大核心议题，双方就中小学生安全科普教育工作和文旅活动融合的形式进行了深入探讨，就协同推动安全教育研学教育活动常态化开展、创新中小学生安全教育新模式等工作。

　　（资料来源：华龙网。）

⛵ 项目小结

　　本项目围绕安全教育的知识、能力与素养目标，构建了覆盖全流程、多主体的安全教育体系。通过任务一至四的系统设计，从安全教育培训体系建构、内容分层设计、配套机制完善到资源开发路径探索，形成闭环式管理模式。知识层面聚焦法律法规、风险特征及八大安全领域，强化理论认知；能力层面注重应急预案制定、应急演练及安全资源开发，通过情景模拟、互动设计提升实操技能；素养层面强调安全责任意识、规则意识及终身安全观的培养。配套机制上，建立行前培训、行中督导及行后复盘的全周期保障，并依托数字化平台、资源库建设实现安全教育资源的标准化与场景化开发。

⛵ 能力训练

　　1.针对研学旅行的组织者和管理者，设计一份涵盖安全管理职责、风险评估方法和安全保障措施的培训课程。请说明如何通过培训确保活动的顺利开展和学生的安全。

　　2.设计一份行后安全教育培训方案，内容包括安全总结分享、经验交流和反思改进。请说明如何通过行后培训巩固学生的安全知识和技能。

项目五
研学旅行安全防范与应对

学习目标

知识目标

（1）熟悉研学旅行安全的基本制度流程。

（2）熟悉自然灾害事故、事故灾难、公共卫生事件、社会文化事件的防范方法。

（3）熟悉自然灾害事故、事故灾难、公共卫生事件、社会文化事件的应对措施。

能力目标

（1）能处理研学过程中的自然灾害事故、事故灾难、公共卫生事件、社会文化事件。

（2）能运用各种方法有效预防各类事件。

素养目标

（1）树立安全意识，时刻关注研学过程中的安全状况，做到防患于未然。

（2）能够自觉遵守法律法规，维护社会秩序和公共安全。

（3）面对安全问题时能够勇于担当，积极采取措施保护自己和他人。

（4）具备良好的心理素质以应对突发情况带来的心理压力和焦虑。

思维导图

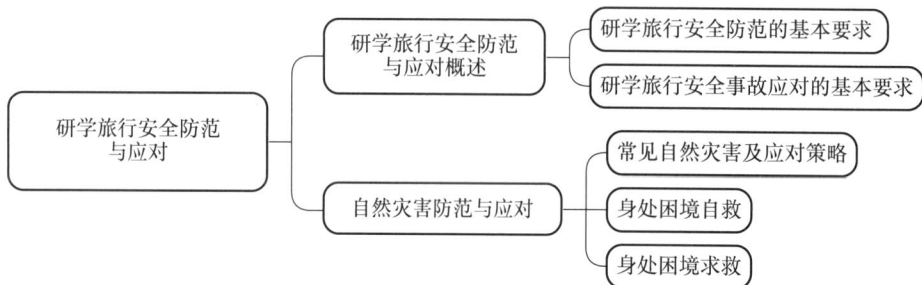

```
                                              ┌─ 交通事故
                                              │
                          ┌─ 事故灾难防范与应对 ─┼─ 火灾
                          │                   │
                          │                   ├─ 触电
                          │                   │
                          │                   └─ 设施设备事故
                          │
  研学旅行安全防范         │                   ┌─ 传染病
     与应对      ─────────┼─ 公共卫生事件防范与应对 ─┼─ 急性中毒
                          │                   │
                          │                   └─ 动物叮咬
                          │
                          │                   ┌─ 涉及刑事案件的防范与应对
                          └─ 社会安全事件防范与应对 ─┤
                                              └─ 群体性突发事件
```

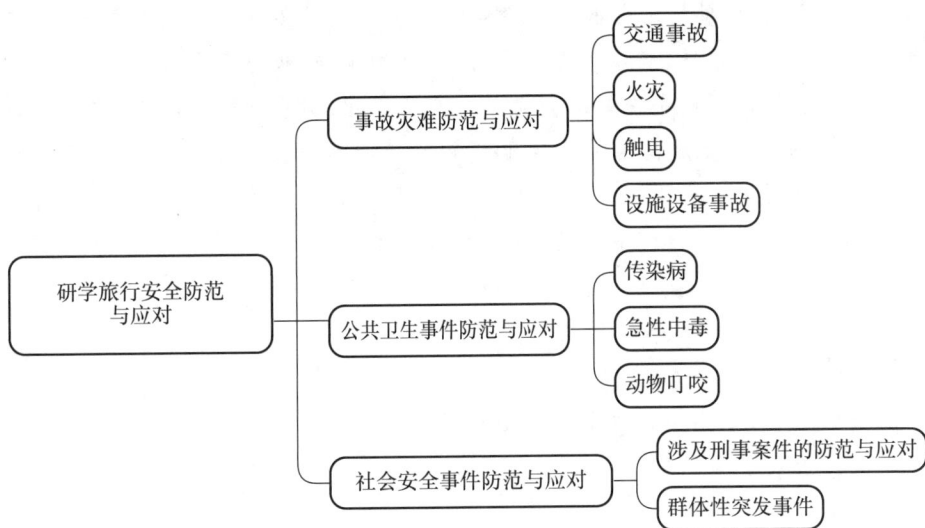

研学旅游
迎来新政
策：强化标
准制定
保障安全
与质量

任务一　研学旅行安全防范与应对概述

🔘 任务导入

　　某小学与某旅行社签订《研学旅行合同书》，约定由旅行社承接该小学的研学旅行活动，而研学旅行景区则由某公司负责运营。学生甲某在参与此次研学旅行过程中，不慎摔伤脚踝。此后，甲某多次前往医院接受治疗，经专业机构鉴定，其伤情构成十级伤残。鉴于此，甲某向法院提起诉讼，要求某小学、某旅行社和某公司共同承担人身损害赔偿责任。

　　法院认为，甲某作为限制民事行为能力人，在活动中自身应尽到谨慎注意的义务；某小学作为教育机构与本次研学活动的组织者，未能尽到教育、管理的职责；某旅行社作为研学活动承接方未尽到安全保障义务；某公司未能提供安全防护装备，未尽到安全保障的责任。综合案情及各方过错责任大小，各方划分责任比例为：甲某自行承担20％、某小学承担30％，某旅行社承担30％，某公司承担20％，并以此作出由某小学、某旅行社及某公司按责任大小向甲某赔偿损失的判决。

　　（资料来源：西安市中级人民法院。）

🔘 任务解析

　　我国法律特别强调包括学校在内的教育机构履行对未成年人的保护责任，如果没有尽到教育管理职责，导致无民事行为能力人、限制民事行为能力人在学习、生活期间受到人身损害的,教育机构应当承担侵权责任。诚然,研学旅行并未发生在校内,但也是由学校牵头开展的活动,应视为在校学习、生活的延伸,校方同样应当尽到教育、管理的职责。虽说校方事前也围绕安全做了一定的工作,但在活动组织中教育、管理不够到位,导致个别小学生脱离了带队老师视线后,发生人身安全问题,这也是不可忽视的过错。研学旅行中未成年人、学校、旅行社、景区各自应当承担的安全责任,通过释法说理,为各责任主体指出疏漏之处,并鼓励各个主体有针对性地加强风险防控责任落实,填补安全管理漏洞,为未成年人提供更好的研学体验。

任务重点

了解组织研学旅行各方应熟悉的安全管理规定。

任务难点

掌握研学旅行流程化的管理制度。

任务实施

一、研学旅行安全防范的基本要求

(一)建立流程化的安全管理制度

组织方、承办方、供应方等应针对研学旅行活动,从各自的职责出发,结合研学旅行的活动特点和流程,制定安全管理制度,以确保研学旅行的安全开展。

1.申报审批流程

实行组织学生集体外出活动申报审批制度,研学旅行活动要提前向研学旅行活动的管理方申报,管理方主管领导审批后方可进行。

审批流程为家长在签订风险告知书、自愿报名协议后统一提交承办方,承办方将风险告知书、自愿报名协议、活动流程、研学场地实地考察报告上报管理机构,管理机构同意后方可实施。

2.集合汇报与请销假制度

研学旅行中,每日要进行三次或三次以上集合点名;学生如遇特殊事情离队需要提前向带队老师请假,回来后找带队老师销假。前往新的目的地之前必须完成列队点名。

3.风险排除制度

对车辆、住宿场地以及活动开展需要的设施设备要先进行风险排查再启动、投入或使用。风险排查主要包括机械故障排查、设备老旧隐患排查、水灾隐患排查、火灾隐患排查、山体滑坡隐患排查、泥石流隐患排查等。

确保租用的车辆有正规的营运证后,随团老师才能组织学生有序登车;提前勘查住宿地到派出所、医院的距离与路线;进入研学目的地前需要对目的地的人流量、地理条件、气候条件进行评估;对使用的活动设施设备进行安全评估,不带学生进入有踩踏风险、自然灾害风险的地方。制作安全标语、旗帜,时刻提醒学生注意安全。

4.列队制度

所有参与研学旅行的学生必须遵守列队制度,集体行动时必须以列队形式行进,不允许出现三五成群扎堆行进的现象。

5.行前动员制度

在出行之前一定要进行全体师生的动员活动,以高度的责任心对每个学生的安全负责;同时对学生加强安全教育,强调按照研学旅行流程行事,确保外出活动万无一失。

6.技术保障制度

研学旅行活动中,凡参加研学旅行活动的组织方、承办方与供应方等必须保证手机畅通,如果进入山区等偏远地区,通信设备不得少于两种,不能仅靠手机通信,因为手机进入到山区或者在远离信号基站的地方会没有信号或信号较差无法联系,此时要准备短波对讲机或卫星电话进行通信。需要为每位学生配备一个定位手表或手环,以便后台统一监控和管理。

7.信息反馈制度

研学旅行活动中,承办方与供应方应及时发布研学旅行活动的各类消息,以便组织方和学生家长掌握研学旅行团的动态和状况。

(二)配备专职安全管理人员

研学旅行活动中,组织方和承办方应根据各项安全管理制度的要求,明确人员安全管理责任,在研学旅行活动过程中安排安全管理人员随团开展安全管理工作。

1.组织方人员配置

(1)应至少派出一人作为组织方代表,负责督导研学旅行活动按计划开展。

(2)随团老师要全程带领学生参与研学旅行的各项活动。

2.承办方人员配置

(1)为研学活动配置一名项目组长,项目组长全程随团活动,负责统筹协调研学旅行的各项工作。

(2)至少为每个研学旅行团队配置一名安全员,安全员在研学旅行过程中随团开展安全教育和防控工作。

(3)至少为每个研学旅行团队配置一名研学导师,研学导师负责制订研学旅行教育工作计划,在随团老师、导游等工作人员的配合下开展研学旅行教育服务。

（4）至少为每个研学旅行团队配置一名导游，导游负责提供导游服务，并配合相关工作人员提供研学旅行教育服务和生活保障服务。

3. 供应方人员配置

（1）配备数量适宜的专职医务人员，专职医务人员作为队医，负责研学旅行期间学生各类疾病以及伤害性事故的应急处理。

（2）指定一名中高级管理人员接受专业培训，考试合格后担任内审员。内审员负责对照相关标准及相关工作要求，检查供应方提供的设施设备是否达到安全使用标准，督促供应方就存在的问题及时整改。

（3）配备专职设备安全检查人员，设备安全检查人员负责对相关技术设施设备进行常态化的安全检查及维护。

（三）进行安全教育

1. 工作人员安全教育

制订安全教育和安全培训专项工作计划，定期对参与研学旅行活动的工作人员进行培训。培训内容包括安全管理工作制度、工作职责与要求、应急处置规范与流程等方面。

2. 学生安全教育

（1）对参加研学旅行活动的学生进行多种形式的安全教育。

（2）提供安全防范教育知识读本。

（3）召开行前说明会，对学生进行行前安全教育。

（4）在研学旅行过程中对学生进行安全知识教育，根据行程安排及具体情况及时进行安全提示与警示，强化学生安全防范意识。

（四）制定应急预案

组织方、承办方及供应方应制定和完善包括地震、火灾、食品卫生、治安事件、设施设备突发故障等在内的各项突发事件应急预案，并定期组织演练。

二、研学旅行安全事故应对的基本要求

（一）研学旅行安全事故应对的基本原则

研学旅行的主体为未成年人群体，应对安全事故的能力相对较弱，所以在遇到安全事故时，应坚持以下原则。

1. 快速反应原则

快速反应原则是处置研学旅行中安全事故的根本原则。安全事故本身具有不确定性和危害性，一旦事故发生而没有立即采取有效的应急处置措施，没有及时控制整

个事件的发展,将可能导致事件处置失败。

2.以人为本原则

处置研学旅行中的安全事故时应当把人的生命和健康放在第一位,这一原则应当优先于其他任何原则,要最大限度地减少人员伤亡,保证学生的身体健康、财产安全。

3.程序性原则

首先,要考虑抢救受害人员的生命,保证人们最基本的生存条件;其次,以现场检伤分类标准衡量轻重缓急;再次,必须考虑现场救援人员的实际救援能力;最后,确定单次的应急救援与处置程序。

4.公开透明原则

研学旅行中发生安全事故会引起社会的高度关注,需要多方协同处理,因此信息的发布和披露至关重要。这就要求在应对安全事故时,在信息披露、原因调查和责任追究等环节都保持公开透明,确保公众的知情权。

(二)研学旅行安全事故处理程序

1.研学旅行安全事故分级

根据《生产安全事故报告和调查处理条例》和《旅游安全管理办法》,研学旅行安全事故按事故性质、危害程度、可控性和影响范围,可分为四个等级,分别为一般事故、较大事故、重大事故、特别重大事故,如表5-1所示。

表5-1 研学旅行安全事故分级及分级标准

事故等级	分级标准		
	伤害程度	滞留程度 (超过24小时)	影响程度
一般事故	死亡<3人或重伤<10人	<50人	一定影响
较大事故	死亡3(含)—10人或重伤10(含)—50人	50(含)—200人	较大影响
重大事故	死亡10—30人或重伤50—100人	200(含)—500人	重大影响
特别重大事故	死亡≥30人或重伤≥100人	≥500人	特别重大影响

2.研学旅行安全事故一般处理程序

根据《学生伤害事故处理办法》和《旅游安全管理办法》的规定,事故发生单位在事故发生后,应按下列程序处理。

(1)组织抢救。组织或协同、配合相关部门协调医疗、救援和保险等机构开展对旅游者的救助及善后处置,防止次生、衍生事故发生。

(2)逐级上报。一般事故上报至设区的市级旅游主管部门,较大事故逐级上报至省级旅游主管部门,重大和特别重大事故逐级上报至教育部、文化和旅游部。

（3）保护现场，会同事故发生地的有关单位严格保护现场。

（4）调查处理，协同相关部门参与事故调查，配合相关部门依法对应当承担事件责任的旅游经营者及其责任人进行处理。

3. 重大研学旅行安全事故处理程序

根据《重大旅游安全事故处理程序试行办法》的要求，重大旅游安全事故处理原则上由事故发生地区政府协调有关部门以及事故责任方及其主管部门负责，必要时可成立事故处理领导小组。

（1）积极抢救。事故发生后，报告单位应立即派人赶赴现场，组织抢救工作，保护事故现场，及时报告当地公安部门。报告单位如不属于事故责任方或责任方的主管部门，应按照事故处理领导小组的部署做好有关工作。在公安部门人员未进入事故现场前，如因现场抢救工作需移动物证时，应做出标记，尽量保护事故现场，使其客观完整。

（2）伤亡处理。有伤亡情况的，应立即组织医护人员进行抢救，并及时报告当地卫生部门。发生伤亡事故后，报告单位应在及时组织救护的同时，核查伤亡人员研学团队名称、姓名、性别、年龄以及保险情况，并进行登记。有死亡事故的，应注意保护好遇难者的遗骸、遗体。对事故现场的行李和物品，要认真清理和保护，并逐项登记造册。在伤亡事故的处理过程中，责任方及其主管部门要认真做好伤亡家属的接待、遇难者的遗体和遗物的处理以及其他善后工作，并负责联系有关部门为伤残者或伤亡者家属提供相关证明文件。为伤残人员提供：由医疗部门出具的"伤残证明书"；为骨灰遣返者提供：由法医出具的"死亡鉴定书"、由丧葬部门出具的"火化证明书"；为遗体遣返者提供：由法医出具的"死亡鉴定书"、由医院出具的"尸体防腐证明书"。

（3）事故赔偿。责任方及其主管部门要妥善处理好对伤亡人员的赔偿问题。报告单位要协助责任方按照国家有关规定办理对伤亡人员及其家属进行人身伤亡及财物损失的赔偿；协助保险公司办理对购买旅游保险者的保险赔偿。

（4）信息发布。信息发布要遵循及时、准确、公开、透明的原则，主动发布事件及其处置的准确、权威信息，积极回应各方关切，与家长进行有效沟通。

（5）事故总结。事故处理结束后，报告单位要和责任方及其他有关方面一起，全面收集信息，了解安全事故所造成的破坏情况，从社会效应、经济效应、心理效应和形象效应等多方面评估安全事故应对措施的合理性和有效性，认真总结经验教训，进一步改进和加强安全管理措施，防止类似事故再次发生，并如实撰写详尽的安全事故处置报告。

课后练习

1. 研学旅行有哪些流程化的安全管理制度？

2. 研学旅行安全事故应对有哪些基本原则？

3. 研学旅行安全事故一般处理程序是什么？

4. 重大研学旅行安全事故处理程序是什么？

任务二　自然灾害防范与应对

任务导入

2023年7月,云南某中学组织学生到山区开展"地质生态探索"研学旅行,参与研学的人员包括60名初中生、6名教师、2名当地向导、1名随队医生,主要研学活动内容是3天2晚的山区徒步、地质观测、生态调查。通过查阅当地气象局10年降雨数据,发现7月泥石流发生概率为15%。行前组织学生开展模拟泥石流警报响起时的紧急集合、撤离路线演练(耗时不超过3分钟),组织教师学习泥石流前兆识别(如河水突然浑浊、山体异响等)。研学行程第二天上午开始下雨,向导发现上游河水浑浊度骤增,山体出现碎石滑落声。研学行程第二天下午,暴雨持续了3小时,累计降雨量达80 mm(触发黄色预警)。教师快速响应,按分工引导6个小组学生穿好反光背心,携带应急包向B线撤离。随队医生携带AED跟在队伍最后方,确保无学生掉队。全员15分钟内抵达预定避险点(邻近村庄文化广场)。清点人数确认60名学生全部安全,2名教师轻微擦伤。教师通过卫星电话向当地应急管理局报告险情,请求道路疏通支援。同步通知家长,发送定位及安全声明:"全体师生已安全转移至邻近村庄。"

任务解析

本次研学活动预警机制有效,通过"气象数据＋人工巡查"双渠道提前20分钟预判了风险。行前撤离训练扎实,因多次演练,实际撤离时间比预期缩短。多方联动高效,与村庄、应急部门预先建立的联络通道加速了救援响应。

任务重点

通过科学预判、资源准备和教育训练构建防御体系。

任务难点

了解如何应对灾害的突发性、协调复杂场景中的多方资源,并减少心理压力与次生伤害。

任务实施

我国幅员辽阔,地形和气候条件复杂,自然条件和人文地理文化差异大,在研学旅行途中,可能会遇见各种各样的自然灾害,如地震、洪水、泥石流、台风等,这些灾害如果处置不当,将会导致严重的后果。安全是研学旅行的核心与基石,只有做到未雨绸缪、有备无患,才能确保研学旅行活动顺利开展、取得成功。

一、常见自然灾害及应对策略

(一)雷雨大风天气

在研学活动中遇到雷雨大风等极端天气时,安全是第一要务。以下是一些注意事项。

(1)远离高处和空旷区域。避免停留在山顶、高地、空旷田野、水域附近等易遭雷击的区域;不要靠近孤立的树木、电线杆、铁塔、金属设施(如栏杆、路灯等)。

(2)寻找安全避雨场所。优先选择坚固的建筑物(如房屋、游客中心)或金属车身的密闭车辆避雨。避免躲在临时帐篷、简易棚屋中,以及树下或山体边缘,以防雷击、塌方或树木倾倒。

(3)避免使用电子设备。雷雨时关闭手机、对讲机等电子设备,减少电磁波引雷风险,也不要撑金属伞柄的雨伞,避免成为导体。

(4)防范大风危险。远离广告牌、脚手架、树枝等易被吹落的物体,防止砸伤。集体行动时保持低重心(弯腰或蹲下),减少受风面积,避免被强风掀倒,收好背包、帽子等易被吹走的物品,避免遗失或成为危险物。

(5)保持身体干燥。穿防水外套或雨衣,避免淋湿导致体温流失(失温症),若衣物浸湿,尽快更换干燥衣物,必要时用毛巾擦干身体。

(6)注意防滑,避开泥泞、湿滑路段,行走时放慢速度,避免奔跑或拥挤,使用登山杖或扶稳固定物保持平衡。

(二)大雾

在研学活动中遇到大雾天气时,能见度大幅降低,容易导致迷路、失散或意外受伤。应对大雾天气应注意以下几点。

(1)保持团队紧密队形。全体人员须集中行动,禁止单独离队,避免走散,指定领队和队尾人员,每隔10—15分钟清点人数,确保无遗漏。

(2)使用导航工具。提前下载离线地图,携带指南针或GPS设备,避免单纯依赖手机信号,沿固定路线行走,避免临时改道。

(3)减缓行进速度。行走时保持缓慢节奏,避免奔跑或拥挤,防止滑倒或碰撞,在狭窄路段(如山道、桥梁)保持单列纵队,相互提醒脚下障碍物。

(4)防滑防摔。大雾常伴随潮湿,地面易打滑,穿防滑鞋,避开青苔、泥泞区域,使用登山杖辅助平衡,靠近山体或护栏时注意避免触碰松动岩石。

(5)注意保暖防潮。大雾天气湿度高,及时穿防水外套,避免衣物潮湿导致失温,携带保温杯装热水,必要时用暖宝宝维持体温。

(6)增强可见度与信号沟通。背包挂反光条或小灯,便于互相识别,避免后方人员跟丢。

（7）使用声音和灯光信号。队伍前后用口哨、对讲机或手机闪光灯保持联系（如每隔2分钟发一次信号）。

（8）车辆行驶安全。若乘车遇大雾天气，打开雾灯和双闪，保持低速，与前车保持距离；避免将车停在路边，若必须停车，全员下车到护栏外安全区域等待。

（三）沙尘暴

沙尘暴（Sand-Dust Storm）是沙暴（Sand Storm）和尘暴（Dust Storm）的统称，也是荒漠化的标志。它是一种突发性强、持续时间短、发生概率低但危害极大的灾害性天气现象，表现为强风从地面卷起大量沙尘，导致水平能见度小于1千米。其中沙暴是指大风把大量沙粒吹入近地层所形成的挟沙风暴；尘暴则是大风把大量尘埃及其他细颗粒物卷入高空所形成的风暴。

中国的沙尘暴主要发生在北方地区，其中南疆盆地、青海西南部、西藏西部及内蒙古中西部和甘肃中北部是沙尘暴的多发区。在研学过程中遇到沙尘暴时，应保持冷静、迅速行动，采取有效的应对策略，确保人身安全和健康。

1.室内避险

当沙尘暴来临时，应立即寻找室内避风避沙的安全场所，如建筑物内部、车辆内等。关好门窗，使用密封条、胶带等物品加强门窗的密封性，防止沙尘进入室内。如果条件允许，可以使用空气净化器或开启空调内循环功能，保持室内空气清新。

2.个人防护

在沙尘暴期间，尽量减少外出活动。如必须外出，应佩戴好口罩、防护眼镜等防护用品，避免沙尘对眼睛、呼吸道等造成刺激和伤害。同时，尽量穿长袖衣服、长裤和鞋子，减少皮肤暴露。避免剧烈运动，减少呼吸频率和深度，降低肺部负担。

3.保持通信畅通

在沙尘暴期间，保持手机等通信设备的畅通，以便及时获取救援信息和向外界求助。如遇到紧急情况，应立即向领队或相关部门报告，寻求帮助。

4.灾后恢复与观察

沙尘暴过后，及时清理和恢复环境。使用湿抹布擦拭家具和地面，避免干抹造成二次扬尘。同时，注意观察自己和同伴的身体状况，如出现咳嗽、呼吸困难等症状，应及时就医。

（四）山洪

山洪是指山区溪沟中发生的暴涨洪水。山洪具有突发性，水量集中流速大、冲刷破坏力强，水流中会挟带泥沙甚至石块等。山洪一般分为暴雨山洪、融雪山洪、冰川山洪等。遭遇山洪要注意以下几点。

Note

（1）密切关注天气变化和山洪预警信息，一旦发现山洪迹象，应立即采取行动。能够转移的，要立刻向安全地带转移，有条件者可修筑、加高围堤，或在基础牢固的屋顶、大树上筑棚，搭建临时避难台。如果来不及转移，要就近迅速前往山坡、高地、屋顶、大树、高墙等高处暂避。

（2）在暂避的过程中，要充分利用救生器材，如门板、桌椅、木床、大块的泡沫塑料等能漂浮的材料扎成筏逃生。如果被洪水包围，要设法尽快寻求救援，保持冷静，尽可能抓住一切固定的或能漂浮的东西，避免被洪水冲走。

（3）要注意远离倾斜或者电线断头下垂的高压线铁塔，防止触电或跨步电压触电，不可攀爬带电的电线杆、铁塔。在躲避山洪时，不要爬到简易房、危房、泥坯房的屋顶，以防房屋倒塌造成危险。

（4）将衣被等御寒物放至高处，扎制木排，并搜集木盆、木块等可漂浮材料，以备不时之需。

（5）准备好医药、火种、手电筒等物品，保存好各种尚能使用的通信设备，以便在紧急情况下使用。

（五）泥石流

泥石流是指由于降水（暴雨，冰川、积雪融化水）在沟谷或山坡上产生的一种挟带大量泥砂、石块和巨砾等固体物质的特殊洪流。泥石流具有突发性、流速快、流量大、物质容量大和破坏力强等特点。泥石流从发生到成灾往往仅数分钟，果断行动比盲目等待更可能争取生机。保持警惕、科学避险是安全的核心保障。在研学过程中遭遇泥石流等地质灾害时，需冷静应对，科学避险。

（1）行前每日跟踪气象预警，避免在暴雨、连续降雨或地质灾害预警期间进入山区。

（2）遇泥石流要垂直于泥石流前进方向，向两侧山坡高地逃生，避免顺流或逆流移动，例如泥石流自北向南流动，应向东西两侧山坡攀爬。

（3）尽量选择树木密集有抓握点处或基岩裸露的坚硬地带，避免向低洼地、河道凹岸、松散土层区、陡峭山坡下方跑。

（4）丢弃负重物品（如背包），轻装快速撤离，利用绳索、树枝攀爬障碍物，避免拥挤踩踏。如果被困，紧抱粗壮树木或躲入坚固建筑物下。

（5）使用哨子、闪光灯或反光毯向救援人员发送定位信号。

（六）地震

地震，又称地动、地振动，是一种自然现象。它是地壳在快速释放能量的过程中引发振动，并在此过程中产生地震波而形成的。地球上板块与板块之间相互挤压碰撞，造成板块边沿及板块内部产生错动和破裂，是引起地震的主要原因。地震开始发生的地点称为震源，震源正上方的地面称为震中。破坏性地震的地面振动最强烈处称为极震区,极震区往往也就是震中所在的地区。地震常常造成严重人员伤亡,能引起火灾、水灾、有毒气体泄漏、细菌及放射性物质扩散,还可能造成海啸、滑坡、崩塌、地裂缝等次生灾害。

(1)地震发生时,首先要保持冷静,听从老师或工作人员的指挥,有序撤离或避险。例如,在教室中,学生应迅速抱头、闭眼,躲在课桌下或三角区(墙角);在操场上,则应原地蹲下,双手抱头,避免跑动,以防摔倒或踩踏事故发生。

(2)采取"伏地、遮挡、稳住"三步法。伏地:迅速蹲下或躺下,降低身体重心;遮挡:用书包或双手保护头部和颈部,避免被掉落物品砸伤;稳住:抓住坚固的桌子或椅子腿,确保身体稳定。

(3)远离窗户、外墙、悬挂物(如吊灯、电扇)和可能倒塌的建筑物。避免靠近电梯、煤气管道和高压电线等危险设施。

(4)在地震初期的12秒内,迅速采取自救措施,如躲避到安全位置或保护好头部。这段时间是避免伤亡的关键。

(七)森林火灾

森林火灾,是指失去人为控制,在林地内自由蔓延和扩展,给森林、森林生态系统和人类带来一定危害和损失的林火。森林火灾是一种突发性强、破坏性大、处置救助较为困难的自然灾害。在研学旅行中,对于森林火灾的避险要注意以下事项。

(1)确保个人安全是首要任务,切勿盲目行动或冒险。发生森林火灾时,要立即拨打森林防火报警电话12119报告火情,并详细说明火灾地点、火势大小以及是否有人员被困等信息。

(2)在等待救援的过程中,要根据火势大小和风向判断逃生路线,逆风逃生,避免顺风逃生导致火势加剧。

(3)逃生过程中尽量用湿毛巾或湿衣物捂住口鼻,以减少有害气体的吸入。

(4)选择合适的避难场所,如开阔的空地或已被火烧过的区域,这些地方通常火势较小,较为安全。

(5)如果被大火包围在半山腰,要快速向山下跑,切勿往山上跑。

(6)如果火势蔓延的速度非常快,不要试图跨越火线逃生,因为跨越火线非常危险。

(7)在逃生过程中,尽量与其他人保持联系,互相帮助,共同寻找安全区域。

(8)可以利用手机等通信工具与外界保持联系,报告自己的位置和情况。

(八)沼泽

沼泽是一种特殊土地类型,其特征为地表及地表下层土壤长期处于过度湿润状态,地表生长着湿性植物与沼泽植物,且存在泥炭累积现象;或虽无泥炭累积,但具有潜育层发育。地球上除了南极地区还没有发现沼泽外,其余各地都有沼泽分布。北半球的沼泽多于南半球,而且多分布在北半球的亚欧大陆与北美洲的亚北极带、寒带和温带地区。南半球的沼泽面积较小,主要分布在热带和部分温带地区。世界上最大的泥炭沼泽区位于西伯利亚西部低地,中国的沼泽则主要分布在东北三江平原和青藏高原等地。

(1)行前了解当地的地质特点和水文条件,携带必要的安全装备,如绳索、防水包等,并穿着适合的鞋子和衣物。

(2)不慎陷入沼泽要保持冷静,避免慌乱导致身体失去平衡或进一步陷入沼泽。

(3)如果身边有树枝、绳索或其他工具,可以尝试用它们支撑身体,缓慢移动到较硬的地面上。如果沼泽较浅且周围有树木或其他支撑物,可以尝试用树枝或其他工具制作简易的"桥",逐步转移到安全区域。如果无法自行脱困,应尽量选择在高点等待救援。避免在沼泽中移动,以免陷得更深。

(4)在等待救援的过程中,尽量减少活动,避免消耗过多体力。

(九)流沙

流沙与普通沙地的本质差异,源于其内部结构因水分介入而发生的物理变化。当水流渗入沙层后,沙粒间的摩擦力显著减弱,原本松散的沙体转化为具有流动性的半液态混合物,这种特性使其无法承受人体重量。

流沙现象多见于海岸带、河口三角洲等潮汐活动频繁区域,其沉积层厚度通常较浅,多数情况下不超过 1 m,但局部区域可能因地质条件差异形成更深沉积。值得关注的是,尽管流沙深度有限,其致灾风险仍不可忽视——当人体不慎陷入时,由于流沙密度约为 $2\ g/cm^3$(普通沙密度约 $1.5\ g/cm^3$),而人体平均密度接近 $1\ g/cm^3$,根据阿基米德原理,人体仅会下沉至腰部位置即达到浮力平衡。然而,此时受困者往往难以自主脱困,原因在于:流沙密度增加后形成的非牛顿流体特性,使沙粒在人体表面产生高黏滞阻力,加之沙粒渗入衣物缝隙形成吸附效应,共同导致垂直方向的抬升阻力可达正常行走阻力的 3—5 倍。若强行拖拽,可能引发沙层坍缩导致二次下陷,因此需采用平卧扩体、缓慢抽离等科学救援方式。经研究,如果以 1 cm/s 的速度拖出受困者的一只脚,需要约 10 万牛顿的力,大约和举起一部中型汽车的力量相等。

(1)保持冷静,避免挣扎。挽救生命的关键在于冷静。流沙黏度会随着压力的增加而增大,挣扎会导致身体周围的沙子更加紧密,从而增加下陷的速度。

(2)减轻负重。负重会增加身体的密度,使下陷速度更快,如果身上有背包或其他重物,应立即脱掉。

(3)增加接触面积。尽量让四肢分开,张开双臂和双腿,以增加身体与流沙的接触面积,减少身体对流沙的压力,也能让流沙变得松软一些。

(4)缓慢移动。轻柔地移动双脚,让水和沙渗入脚下的真空区域,从而缓解压力并使流沙变得松散。动作要缓慢,避免搅动流沙。

(5)利用仰泳姿势。如果双腿已经松动,可以尝试仰泳姿势,用双手和双腿像游泳一样慢慢挪动,靠近坚实的地面后滚到地面上。

(6)抓住周围物体。如果周围有树枝、绳索或其他可以抓住的物体,应尽量抓住它们,以减缓下沉速度。

(7)避免被同伴拖拽。如果有人试图帮助你脱困,切勿让他们直接拉你,因为这可能会引发更大的危险。

(8)如果携带了手杖或其他工具,可以将其横放在流沙表面,作为支撑点帮助自己脱困。

🔭 知识活页

自然灾害防范"4D"法则

Detect(监测):建立"科技＋人力"双预警体系。

Decide(决策):设定明确的灾害触发阈值(例如,当降雨量＞50 mm/h则立即撤离)。

Direct(指挥):采用分组负责制,避免混乱。

Debrief(复盘):24小时内完成事件报告与流程优化。

二、身处困境自救

(一)寻找水源

1.观察地形特征

(1)低洼地带:水通常流向低处,因此山谷底部、河流、溪流和湖泊附近是寻找水源的首选地点。

(2)干涸河床:在干涸的河床或沟渠底部可能发现泉眼,尤其是在沙石地带。

(3)岩石裂缝:高山地区沿岩石裂缝寻找泉水,这是因为岩石本身具有一定的孔隙性,这些孔隙能够储存地下水,而裂缝往往是地下水流动与汇聚的通道,顺着裂缝更易发现泉水的踪迹。

2.利用植物和动物迹象

(1)植物生长迹象:茂密的绿色植被往往是附近存在水源的重要标志。蒲草、水葫芦这类水生植物,以及喜湿的柳树、竹子,其根部附近大概率存在水源;此外,在紧急情况下,还可尝试从仙人掌、竹子等植物中提取水分应急。

(2)动物活动踪迹:鸟类、蜜蜂、蚂蚁等昆虫,以及各类野生动物的活动轨迹,通常与水源分布密切相关。通过观察它们的飞行方向、觅食路线或迁徙踪迹,也能帮助我们找到水源。

Note

3.收集露水和雨水

（1）露水：清晨时，可以使用布料或塑料容器在草地上收集露水。

（2）雨水：利用雨具或容器收集雨水，注意避免污染。

4.挖掘地下水源

（1）挖坑取水：在低洼地区、河床或湿润泥土区域挖坑，等待地下水渗出。

（2）挖掘深度：挖掘深度建议为30—60 cm，以增加找到水源的概率。

5.利用自然现象

秋季凌晨若出现薄雾，该区域很可能存在水源；在寒冷地区，还可收集冰雪，将其融化后获取可利用的水资源。

6.净化水源

将水煮沸并持续沸腾5分钟以上，是最为简便且有效的净化方式。

（二）寻找食物

1.采集

在野外采集可食用植物时，可选择绿色幼枝、球根、块茎以及落果等作为潜在食材。但需注意避开三类具有明显特征的植物：一是带有乳白色、乳状汁液的植物；二是亮红色外观的植物；三是呈现五瓣分裂形态的浆果。此外，可通过简易的盐渍测试判断植物是否安全：将采集到的植物割开一个小口子，撒入一小撮盐，仔细观察切口处颜色变化，若出现变色现象，通常意味着该植物含有毒素，不宜食用。

2.尝试

在野外尝试识别可食用植物时，务必遵循"单次单试"原则，即每次仅尝试一种植物。若出现不适反应，可立即用木炭灰催吐。具体操作需按"闻—涂—嚼"三个步骤进行：将植物凑近轻闻，若散发苦杏仁味、桃树皮味或其他刺激性异味，说明可能含有毒素，应立即丢弃；挤出植物汁液，涂抹在前上臂内侧，静待15—30分钟。若出现发红、瘙痒、刺痛等不适反应，需立刻用清水冲洗，并放弃食用该植物；如无不适，可以吞咽一小块并等待数小时，如仍然没有不良反应，可以认定该植物安全可食。

3.确认

蒲公英、马齿苋、鱼腥草等野菜以及黑莓、草莓、蓝莓等浆果是较为安全且常见的野外食物来源。但在采摘和食用前，务必仔细辨别植物种类，避免误食有毒植物。同时，建议学习更多植物识别知识，并在紧急情况下优先选择已知安全的食物来源。

（三）野外生火

1.保存好火种

野外生存离不开火，打火石、打火机、火柴等火种都要保存好。如果没有这些火种,可以钻木取火,还可以通过敲击石块取火或通过放大镜(望远镜、瞄准镜、相机上的凸透镜可代替)聚光取火。

2. 科学生火

选择一个避风、平坦、远离枯草和干柴的空地,将易燃物堆放在干燥、通风的地方,使用打火机或火柴点燃。当火种点燃后,逐渐添加小块干燥的木材。为了保持火势,需要不断地添加木材和保持通风。同时,要注意防止火势失控,确保火堆周围没有易燃物品。在生火过程中,要时刻注意安全,不要在有易燃物品的地方生火,避免引发火灾。同时,也要注意自己的安全,不要被火烫伤。

三、身处困境求救

身处困境时首先要在心理上保持高度的生存渴望,坚信自己能够获救,然后根据自身的情况和周围的环境条件,正确判断、果断决策,发出不同的求救信号,以便得到救援。在一般情况下,重复三次及以上的行动都代表着寻求援助。

（一）手机

寻求救援最便捷的方法就是利用手机。迷路多发生在山区或林区,因此进入山区、林区之前,应提前关掉手机。即使在迷路时,如果手机没有信号,或者不需要开机联系时,也要关闭手机,以节约电量,保证在关键时刻能与外界沟通联络。山脚、沟谷等处的手机信号很难保障,应到较高的地方尝试,直到接通为止。用手机向外界呼救时,应尽量采用短信方式呼救,并每半小时或一小时开机收发信息,这样可以节省手机电量。

（二）烟火信号

燃放烟火是最常见的求救方法。白天用烟,即在火堆上添加一些橡胶片、青嫩树叶、苔藓、蕨类植物等,使火堆产生浓烟;夜晚用火,在开阔地上,向可能的救援方向点三堆明火,火堆摆成等边三角形,每堆火的相互距离均为15米,火堆要尽可能做大,如果没有这样的条件,点燃一堆也行。

（三）声光信号

国际通用求救信号采用"6:1"节奏:以1分钟为周期,连续发出6次哨音、挥动6次信号物,或制造6次火光闪耀,随后静默1分钟,循环重复。信号传递工具因昼夜而异,白天可利用镜子反射阳光,夜间则使用头灯、手电筒,此类光信号最远能传播16千米。具体操作时,需一手对准救援人员所在方位,另一手调整反光镜角度,将阳光精准反射至目标区域,确保信号有效传达。

（四）旗语信号

使用旗子、亮色衣物、帽子或布料系在木棒上作为信号工具,挥动时遵循"左长右短"原则:大幅度地在左侧做长划动作,右侧做短划动作,循环交替划出"8"字形轨迹。若与救援人员距离较近,简化操作步骤,只需在左侧完成一次长划、右侧完成一次短划,左侧动作的持续时间应明显长于右侧,以确保信号清晰易辨。

（五）其他求救方法

通过设置地面信号物,不仅能让营救者明确你的位置和行动轨迹,也能帮助你记录曾到过的地方;而方向指示标,则可以引导营救者沿着你的行动路径展开搜索。具体而言,可将岩石、碎石片摆成箭头形状,或在地面放置一根分叉树枝,以分叉点指明前行方向;若用三块岩石或木棒,在其上方压上丝巾、手帕或帽子等物品,则是在向外界传递危险或紧急情况的信号。此外,信标机、无线电通信设备、卫星电话、GPS定位仪等现代化设备,同样是高效的求救工具。

课后练习

1. 野外生火有哪些注意事项?
2. 身处困境时的求救方式有哪些?

任务三 事故灾难防范与应对

任务导入

2024年5月3日,一辆载有14名小学生、2名家长和2名老师的中型客车,在四川平绵高速张家坪枢纽路段因车辆电路故障抛锚,停靠在应急车道。由于高速公路上车流量大、车速快,情况十分危险。四川高速公安二分局十五大队巡逻民警发现后,立即协调高速执法和路政部门,将师生及家长安全转运至收费站外,并联系客运公司调配车辆完成后续转运。

任务解析

客车因电路突发故障无法启动,直接抛锚。说明车辆在出发前未进行充分的安全检查,未能及时发现潜在故障。车辆抛锚后,师生在高速公路上滞留,未及时采取有效的安全防护措施,如设置明显的警示标志或迅速将师生疏散至安全区域。行前应加强车辆安全检查,对车辆进行全面检查,确保车况良好。应完善应急预案,制定详细的应急预案,包括车辆故障、交通事故等突发情况的处理流程;应强化安全教育,对学生、家长和教师进行安全教育,提高其安全意识和应急能力。

🔵 任务重点

行前需全面了解各类事故的致因,系统构建事故预防体系;行中一旦发生事故,要迅速启动响应机制,及时开展处置工作。

🔵 任务难点

科学规划、严格培训、高效协作,以化解各类事故风险。

🔵 任务实施

事故灾难是人们在生产、生活过程中发生的意外事件,它直接由生产、生活活动引发,违背人们的主观意愿,会迫使相关活动暂停或永久停止,并造成人员伤亡、经济损失。本任务主要讲述在研学旅行过程中,针对交通事故、火灾、触电、设备事故等事故灾难的防范与应对措施。

一、交通事故

交通事故是指车辆在道路上因过错或意外导致人身伤亡或财产损失的事件。此类事故不仅可能由违反道路交通安全法规的人员造成,亦可能由地震、台风、山洪、雷击等不可抗力的自然灾害引发。在研学旅行中,由于需要频繁使用交通工具,交通安全问题成为各方非常关注的安全议题。

(一)道路行走交通事故

1. 道路行走交通事故的成因

(1)行走时注意力分散:如边行走边进行交谈、听音乐、阅读书籍、操作手机,或心不在焉、嬉戏打闹。

(2)违反交通规则:如不使用人行横道过马路、违反交通信号、跨越道路护栏或倚坐道路隔离设施,以及扒车、强行拦车等妨碍交通安全的行为。

2. 道路行走交通事故的防范

(1)在研学旅行过程中,应有序地组织列队出行,在人行道内行走,或在无行人道的马路上靠边行走,避免相互追逐、打闹嬉戏。

(2)在老师或景区工作人员的引导下活动,不要随意离开队伍,行走时应集中注意力,注意周围环境,避免分心或边走边使用手机。

(3)过马路应走人行横道、过街天桥、地下通道等设施。过马路或人行横道时需观察交通信号灯及车辆通行情况,在确保安全的前提下迅速通过。

(4)避免突然横穿马路,以防发生意外。

(5)在雾、雨、雪等能见度低的天气条件下,尽量穿着色彩鲜艳的服饰,以便机动车

Note

驾驶员能够及时发现并采取安全措施。

3. 道路行走交通安全事故的应对

（1）若被机动车撞伤，应立即拨打110报警，并拨打120急救电话求助；同时请队医检查伤者受伤部位，并采取初步救护措施。

（2）发生交通事故时，切勿自行协商解决，应立即报警，并记录肇事车辆的车牌号，等待警方处理。

（3）向医院索取诊断证明，向警方索取交通事故证明书，并向保险公司提出索赔。

（4）迅速向组织方或承办方报告事故情况。

（5）交通事故处理完毕后，随团工作人员需撰写详尽的书面报告，总结事故原因、经过、人员伤亡及事后处理情况等。

（二）驾车交通事故

1. 驾车交通事故的成因

（1）客观因素：道路状况不佳、天气恶劣等外部环境因素，均可能引发交通事故。例如，湿滑的路面、狭窄的道路，或是暴雨、大雾等天气，都会影响行车安全。

（2）车况不良：车辆的制动系统、转向系统等关键部件若未及时维护保养，容易埋下安全隐患，进而导致事故发生。

（3）疏忽大意：驾驶过程中司机注意力不集中、反应迟缓，采取措施不当。

（4）违反规定：未遵守交通法规及其他交通安全规定的情况，一是血液酒精浓度超标的醉酒驾驶（醉驾）；二是超过路段限速值20%的超速行驶；三是连续驾驶超4小时未强制休息的疲劳驾驶。上述行为均已被证实可使事故风险概率提升4—7倍。

2. 驾车交通事故的防范

（1）研学旅行应选用职业道德良好、具备安全驾驶经历的司机，同时要求其身体健康，无重大疾病或可能危及驾驶安全的疾病。

（2）定期检查车辆状况，确保车况良好。确保车门应急开关、安全顶窗、安全锤、灭火器、三角警告牌等应急设备处于完好状态。

（3）行车前需了解目的地的道路情况及当天的天气状况。

（4）行车过程中需保持注意力集中、谨慎驾驶，保持安全车距，控制车速。

3. 车辆交通事故的应对

（1）轻微事故时，应迅速将车辆移至安全地带，并安抚学生，等待警方处理事故。

（2）严重事故时，应迅速组织学生撤离事故车辆。若车门能正常开启，引导学生有序下车；若车门无法正常开启，使用工具砸开车窗逃生。将学生迅速疏散至安全区域，并清点人数。在紧急情况下，应舍弃笨重行李，确保人身安全；若有人受伤，应优先呼叫救护车。

（3）在高速公路上发生故障或交通事故时，应在故障车来车方向150米外设置三角警示牌,并将车上人员迅速转移至右侧路边或应急车道内,同时迅速报警。

（4）在警方到来前,保护好事故现场;若肇事车辆逃逸,应记录车牌号码、车身颜色及特征,为侦破工作提供线索。请医院开具诊断证明,公安机关开具事故证明书,以便事后向保险公司索赔。

（5）迅速向组织方、承办方报告事故情况。如有必要,安排一辆新的大巴将未受伤和受轻伤的研学旅行者送往酒店或继续他们的行程。

（6）交通事故处理结束后,需形成详尽的书面报告,总结事故发生的原因、经过、人员伤亡及事后处理情况等。

（三）乘坐交通工具的一般要求

1. 乘坐大巴

（1）自觉排队候车,不要拥挤或推搡,不打闹、喧哗。

（2）上下车均应等车停稳以后再进行,先下后上,保持秩序,不要争抢。

（3）车辆行驶时,坐稳扶好,全程系好安全带,避免随意走动或躺卧,以防发生磕伤或摔倒。

（4）不要把汽油、爆竹等易燃易爆的危险品带入车内。

（5）不得将头、手、身体其他部分伸出窗外,以免被对面来车或路边树木等刮伤。

2. 乘坐飞机

（1）乘坐飞机前需接受安全检查。所有含有化学成分的固体物品、超规格液体,以及水果刀等器具均需办理托运,不可随身携带;火柴、打火机、大容量电池、大容量充电宝等易燃易爆危险品,既禁止随身携带,也不可办理托运;小容量充电宝、电池,以及照相机、笔记本电脑、平板电脑等贵重物品,则不适合托运,应随身携带登机。

（2）食品可以携带或者托运,但是饮料包括牛奶、果汁等都是禁止携带和托运的。

（3）上了飞机后,放好行李,要尽快在座位上坐好,系好安全带。在空乘人员播放、介绍乘机安全指南时,要注意听、注意看。

（4）在飞机上有事情需要空乘服务时,可以按头顶的呼叫按钮,请空乘人员帮忙。

（5）在空乘人员提示关闭手机和电脑时,一定要马上执行。飞行全程系好安全带,起飞、降落时调直椅背。

3. 乘坐火车

（1）登车前请全面检查随身物品,严禁携带烟花爆竹、压缩气体罐等易燃易爆危险品乘车。

（2）候车时请配合工作人员指引,全程保持在黄色安全警戒线内侧区域,遵循"列车停稳,先下后上"的乘车原则,禁止在站台区域追逐打闹,注意保管随身物品。

（3）进入车厢后及时妥善安置大件行李,核对座位号有序入座。

（4）行车期间,应尽量减少在车厢内的非必要走动,切勿在车厢连接处长时间停留,以免发生夹伤危险。

（5）接取热饮时,容器内液体应不超过三分之二,预留三分之一的空间,以此避免因列车晃动导致液体泼溅,造成烫伤。

（6）遇列车紧急制动时,双手紧握座椅扶手、行李架等固定设施。

4. 乘坐游船

（1）未成年人须由具备完全行为能力的成年人全程监护。

（2）所有人员登船后须立即规范穿戴救生装备,航行期间禁止擅自脱卸。

（3）手机、摄影器材等贵重物品应使用防水密封袋双层防护,避免在船舷区域操作使用。

（4）随身行李须固定在指定存放区。

（5）航行期间应保持坐姿并握紧固定扶手,双脚稳定支撑于防滑地板。

（6）严禁在未获许可的区域站立拍照,禁止攀爬船舷、跨越安全护栏。

（7）遇身体不适或突发险情时,立即使用船舱内紧急呼叫装置。

5. 乘坐游轮

（1）出发前检查自己的证件。

（2）自带洗漱、防晒等日用品以及适量的备用药品,如感冒药、止泻药、创可贴、晕船药等。

（3）登船后立即确认房间与最近逃生通道的位置,熟读房门内侧紧急疏散图,了解救生衣存放的位置,记录集合站(Muster Station)编号,通常对应救生艇停放区域。

（4）参与一次逃生演习,熟悉乘邮轮救生衣的穿戴程序和步骤。

6. 索道交通安全

（1）遵守工作人员指引,有序上下车,切勿拥挤推搡或争抢上车。登上缆车就座后保持均匀分布,避免单侧拥挤导致失衡。全程坐稳扶好,禁止站立、蹲坐、攀爬或摇晃吊厢。严禁将头、手等身体部位伸出窗外,也不可探身进行拍照或观光,以免与外部障碍物发生碰撞。

（2）索道停运的应急。保持冷静,留在原位等待指令,禁止擅自打开车门或尝试逃生。请留意广播提示,积极配合工作人员安排;如有需要,工作人员会分发姜茶、御寒衣物等物资,若有特殊需求,请及时向工作人员说明。

（3）索道坠落的应急。立即抓握固定物体(如扶手、座椅支架等),同时迅速调整体位,尽量保持头部朝上姿势,以降低撞击带来的伤害。可将随身背包、衣物等物品垫在脚下,或置于身体与轿厢硬物之间,借此缓冲坠落产生的巨大冲击力。

二、火灾

火灾是一种常见且危害极大的灾害事故,具有发生范围广、危害性大、处置时效性强、救助难度高的特点。燃烧的发生必须同时具备可燃物、助燃物、火源这三大要素。

Note

当存在足量的可燃物与助燃物,且火源温度达到或超过可燃物的燃点,并释放出足以维持燃烧的热量,只有在这三大要素同时存在、相互结合并发生作用时,燃烧现象才会产生。现实中,绝大多数火灾都是由细微隐患或一时疏忽所引发的。

(一)研学旅行中常见火灾发生的主要原因

1.用电不慎

电线老化、私拉乱接,电器设备安装使用不当或故障,超负荷、短路、接触电阻过大等,都可能引发火灾。特别是在研学基地中,设备众多,电线、电器使用频繁,若维护不当,极易成为火灾隐患。

2.火源管理不当

研学活动中经常需要使用火源进行烹饪、取暖等,若燃烧物管理不当,火源未远离易燃物,如树木、干草等,则极易引发火灾。此外,烟囱、燃气设备等若未定期清理,也可能因不完全燃烧引发火灾。

3.吸烟或乱丢烟头

在研学旅行中,如果游客或工作人员在不适当的地方吸烟,或者未充分熄灭的烟头被随意丢弃,一旦碰到易燃物,就可能引发火灾。特别是在充斥可燃气体或粉尘的环境中吸烟,更可能引发火灾或爆炸事故。

4.学生玩火

学生缺乏安全意识,可能因好奇或娱乐而玩火,从而引发火灾。在研学旅行中,应特别注意学生的安全教育,避免他们接触火源。

(二)火灾的防范

1.建立健全火灾安全管理制度

研学旅行的组织方、承办方、供应方均需根据实际需要,建立健全火灾安全管理制度以及应急预案,时刻保持警惕,把火灾防控放在首位,增强防火意识,切实保障研学旅行顺利开展。

2.完善消防设施

(1)疏散通道。

火灾发生时,疏散通道是建筑物内人员紧急逃生的关键通道,其安全性和畅通性至关重要。因此,建筑通常需设置两个或两个以上方向不同的疏散通道,以确保人员能够安全、快速地疏散。

(2)指示标志。

整个疏散通道上都需安装指示标志,包括走廊、走廊拐角、交叉通道、楼梯处、出口等。

3.加强宣传与教育

在研学旅行中要不断强化消防知识的宣传,提高火灾防范意识,主要包括:物质燃烧知识、电器防火知识、建筑防火知识、灭火器使用知识、火灾自救知识等。

4.深入进行防火检查

定期或不定期进行防火安全检查,以便及时发现和消除火灾隐患;整改消防管理中存在的问题,把火灾事故消灭在萌芽状态,做到防患于未然。对查出的火险要逐条登记,制定具体措施,及时进行整改。

(三)火灾的应对

1.交通工具上的火灾逃生

(1)汽车火灾。

① 当汽车发生火灾时驾驶员应立即停车熄火,打开所有车门,迅速组织车上人员下车。

② 车上人员要迅速有秩序地从就近车门或车窗下车,切忌在车门或车窗处挤成一团。当火已封住车门时,可以用衣物蒙住头部迅速从车门冲出,下车后立即脱掉蒙在头上的衣物。如已无法从车门下车,应迅速用安全锤或者用衣物裹住拳头击碎车窗,迅速从车窗处逃生。

(2)火车火灾。

①普通列车火灾。

a.普通列车上发现车厢发生火灾时应立即通知列车员。

b.启动紧急制动装置,促使列车尽快停车。若列车正在行驶,需迅速关闭车窗,因为开窗会加剧空气流通,使火势借助风势迅速蔓延。

c.利用车厢中的车载灭火器或者就近用水、饮料、湿毛巾等物品迅速灭火。

d.如火势蔓延,要迅速用湿巾等捂住口鼻,防止烟雾中毒窒息,并迅速向安全出口处转移。

e.撤离时尽量沿列车运行方向逃生。通常情况下,行驶中的列车发生火灾,火势会朝着列车后方车厢扩散。

②高铁列车火灾。

a.高铁列车车厢内的烟感报警装置在有火灾发生时会自动报警并自动紧急停车。

b.如果火势不大,可利用车厢中的车载灭火器或者就近取水、饮料、湿毛巾等物品迅速灭火。

c.如火势蔓延,要迅速用湿巾等捂住口鼻,防止烟雾中毒窒息,并迅速向安全出口处转移。

d.如火情严重,已无法从安全出口逃离,可以在相对安全的情况下,使用安全锤击碎车窗逃生。

（3）地铁火灾。

① 地铁内发生火灾时要迅速报警,同时迅速利用车厢内的灭火器灭火。

② 迅速判断火源位置,立即向火势蔓延的反方向(逆风方向)移动,避开浓烟与高温。

③ 迅速用水浸湿毛巾或衣物掩住口鼻,防止烟雾中毒导致窒息。

④ 车厢着火时不要在车厢内乱跑,不要随意乱砸车窗玻璃,否则会更危险。

⑤ 听从指挥,地铁停下后有序撤离逃生。

（4）船舶火灾。

① 船舶上发生火灾时切勿乱跑,以免船体失去平衡发生摇摆晃动而影响救火,或引发侧翻。要沉着冷静,听从指挥,齐心协力,迅速灭火。

② 如果火势失控,应立即穿上救生衣,可能的话带上食物和饮用水利用救生筏或救生艇逃生。

③落水后不要大喊大叫,要注意保存体力,等待救援。

2. 研学旅行住宿地的火灾逃生

（1）研学营地、基地的住宿地发生火灾时,要尽快从门窗等出口处冲出,转移到安全处,并大声呼救,提醒其他邻近房间的人员撤离,同时原地等待消防人员灭火。已逃出着火房间的人员不要再返回房间取物品。

（2）入住酒店时要注意观察灭火装置、报警装置、紧急通道所在的位置。

（3）当所在房间失火且火势不能控制时要迅速逃离,逃离时要关闭身后门窗,延缓火势蔓延,以赢得尽可能多的逃生时间。同时要大声呼喊,提醒其他房间的人员。

（4）当房间内人员得知外部发生火灾时,切勿贸然开门冲出房间。建议先通过房门观察孔查看外部火势,或用手轻触门把手感知温度。若观察到火势凶猛、门把手烫手,或者发现浓烟正从门缝渗入室内,此时应保持房门紧闭,避免贸然开启。

（5）若通过观察孔发现外部火势较小,应迅速撤离房间;若触摸门把手温度正常,可先将房门打开一道缝隙,谨慎观察火情,确认火势可控后,再尽快离开。撤离时务必随身携带钥匙,以便在逃生路线受阻时,能够安全返回房间避险。倘若发现外部火势猛烈,则应立即退回房间,重新制定应对方案。

（6）离开房间后要弓腰前行,头贴近地面,以防烟雾中毒窒息,要紧贴墙壁奔向出口。

（7）火灾发生时不要使用电梯逃生。

（8）当遭遇外部火势猛烈、无法从房门逃生的紧急情况时,应立即采取以下措施:首先,迅速用湿毛巾、湿被褥封堵门缝,并用持续洒水的方式保持其湿润,以此延缓火焰和浓烟侵入室内;同时,打开窗户确保空气流通,但需避免大量空气涌入加剧火势,随后在窗口挥动鲜艳的床单、衣物等物品,主动向外界发出求救信号,等待救援人员到来。

（9）如果火情未进入房间，可以在阳台处避险待援。

（10）离开房间后立即撤离到安全位置，切记不要返回房间。

3. 研学旅行场馆内的火灾逃生

（1）博物馆、科技馆、展览馆等场所发生火灾时，要根据场馆内的标识，通过安全通道寻找安全出口撤离。

（2）撤离时用湿毛巾或湿衣服掩住口鼻，防止吸入有害气体。如果没有水，可以把毛巾、衣物多叠几层掩住口鼻。撤离过程中要弓身前行，尽可能放低身体姿势，但不可伏地爬行，以免被挤倒踩踏。

（3）一旦建筑物倒塌被困在地下空间，要贴近地面呼吸，以保持体内水分等待救援。

4. 森林草原的火灾逃生

（1）森林草原上发生火灾时，优先选择朝逆风方向且有河流的路径逃生，借助逆风与河流降低火势威胁。

（2）避开火头，朝着草木稀疏的区域撤离，减少可燃物对逃生的阻碍。

（3）利用可以救生的环境逃生。

① 利用附近的开阔地，在开阔地的中央避险，但要迅速清理开阔地中灌木等易燃物。

② 利用附近的沙地或土层避险。可以迅速在沙地或土层中挖洞藏身，或用沙子、泥土覆盖身体。

③ 附近有河流、湖泊或池塘时，应立即将身体浸入水中避险。

（4）没有可以逃生的救生环境，又不能迅速逃离时，可以想办法弄湿衣物，遮住头部和躯体，匍匐在地面上，贴地呼吸，等待救援或火势减弱。

（5）火头过去或火势减弱后，应迅速扑灭衣服上的火焰，向着逆风方向从已经熄灭的火区逃离火场。

（四）火灾善后工作

（1）研学导师团队成员在组织学生撤离火场后要迅速清点人数，查找失联人员，确定人员伤亡情况，向单位汇报灾情，启动应急预案。

（2）研学导师团队成员应积极协助医护人员抢救伤者，及时将伤员送往附近的医院。

（3）向消防人员报告失联人员情况，协助消防人员进行救援。

（4）火灾扑灭后，配合公安、消防机关进行火灾原因的调查工作。

（5）收集并固定证据信息，进行事故善后工作。

三、触电

触电不仅会在人体外部造成局部烧伤，还会严重破坏人体生理系统，引发窒息、心室纤维性颤动、心搏骤停等危急状况,甚至可能导致死亡。

（一）触电的防范

（1）严禁湿手操作电器设备(如开关、插座),避免因水导电引发触电。禁止直接接触已通电的破损电线或裸露导体,非专业人员不得擅自拆卸、维修电器设备。在潮湿环境中(如浴室、厨房)使用电器时,需确保设备具备防水防潮功能。

（2）室内电器损坏(如灯具、插座漏电)应立即停用,并由持证电工检修,严禁自行处理。

（3）严禁触摸已经接通了电源的电线及电线破损处。

（4）严禁私拉乱接电线,禁止使用大功率电器,插座不得置于床铺等易燃区域。

（二）触电的应对

1.脱离电源

（1）立即切断电源,优先关闭开关箱或拔除插头;若无法操作,使用绝缘工具(干燥木棍、电工钳)挑开电线。施救者需穿戴绝缘防护装备(橡胶手套、胶鞋),单手操作避免回路触电。

（2）针对高压触电,应迅速通知供电部门断电,严禁非专业人员接近触电点,应与触电点保持8—10米的安全距离。使用绝缘拉杆或抛掷短路接地线迫使保护装置动作,切断电源。

2.救治

发现有触电者应及时通知队医进行救治。如队医不能马上赶到,则注意以下事项:

（1）意识清醒者:让触电者保持平卧位,密切观察其呼吸、心率等生命体征变化。在此期间,切勿随意移动触电者,以免引发继发休克。

（2）无意识但有心跳:迅速解开触电者领口、袖口等束缚衣物,确保气道通畅;同时,将触电者摆放为侧卧位,防止因呕吐物堵塞气道导致误吸。

四、设施设备事故

研学旅行涉及的设施设备事故可归纳为游乐设施事故、电梯事故、设备坠落事故、实验室事故四大类。其中,游乐设施事故虽发生率较低,但因其具有公众属性所以较易引发社会关注;电梯事故与设备坠落事故多因维保不足或操作不当等导致;实验室事故则与危险化学品安全管理、实验规程执行相关。

（一）游乐设施事故

游乐设施事故属于低概率高关注度的典型,因面向青少年群体且涉及公共安全,微小伤害也可能引发舆情危机。游乐设施事故应注意以下事项:

（1）设备异常时,操作员立即停机并报告安全管理负责人,启动警戒线封锁现场。

（2）疏散引导组按指令撤离研学旅行人员,优先救助伤员并联系医疗支援(需配备担架、急救箱)。

（3）分级响应机制。一般事故(3人以下死亡),运营单位自主处置,24小时内补报系统信息;较大以上事故,联动公安、消防等外部救援,移交指挥权。

（4）信息报送规范。事发1小时内上报属地监管部门,逐级上报不超过2小时,内容需含时间、地点、伤亡情况、经济损失及已采取的措施。

（二）电梯事故

电梯事故属于高频次且后果严重的事故类型,2021年全国电梯事故占特种设备事故总量的20.91%,研学基地电梯超载、紧急制动失效是电梯事故发生的主要因素。

（1）不要急于进入电梯,避免踢、撬、扒、倚靠电梯门,以免发生坠入井道等事故。进入电梯前要确定轿厢地板是否到达平层位置,避免发生电梯未到达楼层但门非正常开启。

（2）保持安静,不吸烟、不吐痰、不乱扔垃圾,不靠门;不在电梯内蹦跳、打闹,以免影响电梯正常运行;不要倚靠层门和轿门,避免发生危险;不要用身体或物体阻碍电梯门的正常开关。

（3）电梯故障时,保持冷静,按下所有楼层按钮,紧贴墙壁,双手抱紧扶手,弯曲膝盖,低头护颈。不强行扒门或尝试自救,应使用警铃或电话求救。遇到火灾、地震等紧急情况,不要乘坐电梯逃生,应选择楼梯。

（三）设备坠落事故

设备坠落事故主要是指由于大风(如大厦的墙体、玻璃幕墙、广告牌坠落等)、固定物老化损坏(如吊扇、吊顶脱落)等原因造成的设备坠落事故。

（1）事故报告与初步处理。一旦发生设备坠落事故,现场人员应立即停止作业,保护现场,并迅速报告带队老师或项目负责人。立即组织人员对受伤人员进行初步急救,如止血、包扎、固定骨折部位等。

（2）紧急救援与疏散。现场指挥人员应立即指挥人员撤离至安全区域,确保紧急救援通道畅通,避免二次伤害。对于无法自行救援的人员,应立即通过救援工具和设备进行施救。

（3）医疗救护。立即拨打120,请医生前来救治,或将伤员快速平稳地送往医院。

（4）事故调查与善后处理。事故结束后,应立即启动应急预案,成立事故调查小组,查明事故原因及责任人。对所有员工进行事故教育,防止类似事件再次发生。总结事故教训,完善应急预案。

（5）信息报告与沟通。及时将事件的时间、地点、原因、经过等情况向有关部门报告。向家长和学校通报事故情况,做好沟通工作。

（四）实验室事故

实验室事故的主要风险源涵盖危险化学品、仪器设备以及压力容器。在实际操作中,这些因素易引发火灾、爆炸、中毒等各类实验室安全事故。

1. 实验室事故的防范

（1）初次进行实验前,指导老师应检查相关设备的安全情况以及配备必需的消防应急设施;学生应自觉接受安全教育,了解化学试剂使用的基本知识和紧急事故的处理办法。

（2）进入实验室要穿实验服,根据需要还应佩戴防护眼镜,不能穿短裤、短袖、短裙、拖鞋、凉鞋等进入实验室。

（3）实验前,必须按照相关实验的安全规范做好充足的准备工作,并认真预习实验内容,经老师允许后方可进入实验室开始实验。

（4）做实验时精神要集中,严格按照实验步骤认真操作,未经允许,严禁擅自修改实验操作流程。

（5）仪器设备发生故障时,应立即停止使用,并及时报告指导老师,切勿私自拆卸修理。

（6）实验结束后,关闭门窗,以及水、电、气等阀门,经指导老师检查并确认后方可离开实验室。

2. 实验室事故的应对

（1）火灾性事故。

应立即移走着火区域内的一切可燃物,关闭通风设备以阻止火势蔓延,并迅速采取适当的方式灭火。

（2）烫伤事故。

一旦发生烫伤,应迅速将受伤部位与热源隔离,防止二次损伤。例如被滚烫液体烫伤时,需立即移开热源,并用流动的冷水持续冲洗烫伤部位 15 至 30 分钟,以此降低皮肤温度,缓解疼痛,减轻肿胀与渗出症状。冲洗后,用剪刀小心剪开或轻柔脱掉受伤部位的衣物,切勿强行撕扯,避免造成二次伤害。完成初步处理后,用干净纱布进行包扎,并根据烫伤的严重程度,尽快前往医院接受专业治疗。

（3）被酸、碱溶液烧伤。

使用大量流动清水冲洗受伤部位,时间为 15—30 分钟,以稀释或去除残留的酸性、碱性物质,减轻对皮肤的损害;冲洗后,可涂抹凡士林或其他保护性药膏以减轻刺激,如果创面起水泡,不要挑破,以免感染;及时就医,根据医生建议进行进一步治疗。

课后练习

1. 简述乘坐大巴的基本要求。

Note

2.简述研学旅行住宿地发生火灾时的逃生方法。

3.研学旅行过程中,若有人触电,应该如何处理?

4.研学旅行过程中如何防范实验室事故?

任务四　公共卫生事件防范与应对

一、传染病

(一)流感

流行性感冒简称"流感",是一种由流感病毒引起的丙类传染病。感染后,病毒通过与呼吸道表面细胞结合进入细胞并复制,引发发热、头痛、肌肉痛等全身症状。流感病毒的抗原变异特性使得它的传染性较强,人群普遍易感,且同一人可以多次感染。由于流感病毒适应冷、湿气候,其在冬春季较为多见。

1.流感的防范

(1)保持良好的个人卫生习惯:勤洗手,保持生活办公环境整洁、通风良好,流感流行季节减少前往人群密集场所的次数。

(2)保持良好的呼吸道卫生习惯:打喷嚏或咳嗽时,用上臂或纸巾遮住口鼻,然后洗手。

(3)出现流感样症状时,主动自我隔离,公共场所须戴口罩。

(4)接种流感疫苗。

2.流感的应对

(1)及时隔离治疗流感患者是减少发病和控制病毒传播的有效措施。

(2)患者使用过的餐具可采用沸水煮的方式进行消毒;衣物可置于阳光下暴晒2小时;病房则使用消毒剂进行喷洒消毒。

(3)流感流行期,公共场所应加强通风,每天多次进行室内消毒。

(二)登革热

登革热是一种由蚊子传播的急性传染病,主要在热带和亚热带地区流行。

1.登革热的防范

(1)避免蚊子叮咬:可以穿长袖上衣、长裤和袜子,使用驱蚊剂,以尽量避免蚊子叮咬。

(2)注意清洁:保持房间整洁卫生,定期清理污水管道和垃圾桶等区域,避免滋生蚊虫。

（3）增强自身免疫力：保持良好的饮食习惯，多吃新鲜蔬菜、水果，保持良好的心态，有助于增强身体的免疫力，对疾病的预防有一定的效果。

2. 登革热的应对

（1）及时就医。如出现发热、头痛、肌肉痛等疑似登革热症状，应及时就医诊治。

（2）针对发热症状，可采用物理降温方法或遵医嘱服用退热药物。

（3）防蚊灭蚊。登革热通过蚊子传播，所以要做好防蚊灭蚊工作。清除室内外积水，如花盆托盘、水桶中的积水等，减少蚊子滋生；使用蚊帐、蚊香、电蚊拍等防蚊用品，防止被再次叮咬而加重病情或传染他人。

（4）隔离防护。患者发病期间需严格隔离，防止蚊虫叮咬后将病毒传播给他人。隔离期应持续至退热且症状缓解后至少 24 小时。此外，患者居住环境需保持清洁卫生，定期开窗通风换气，降低病毒传播风险。

二、急性中毒

（一）食物中毒

食物中毒是指摄入了含有生物性、化学性的有毒有害物质的食品，或者把有毒有害物当作食品摄入后出现的非传染性的急性、亚急性疾病。

1. 食物中毒的判断

如有以下情况者很可能是食物中毒。

（1）患者发病前食用了腐败变质或来历不明的食物。

（2）食物中毒发病较急，通常在进食数分钟至48个小时内出现症状，多数情况会在4个小时之内发病。

（3）食物中毒通常具有共同特征：患者在食用有毒食物后，会出现一系列症状，如恶心、呕吐、乏力、面色苍白、心跳加速、出汗、胸闷、上腹部烧灼感、腹痛等，部分患者还可能出现血压下降、休克甚至昏迷等严重情况，若救治不及时，患者可能迅速死亡。

（4）多人同时发病是食物中毒的典型特征之一。

2. 食物中毒的防范

（1）在研学旅行期间，应选择在具有餐饮服务资质的正规食堂或餐厅就餐。

（2）为确保食品安全，应从正规渠道采购符合卫生标准的食品或食品原料，并保留购买凭证以便溯源，严禁采购无证照供应者提供的食品。

（3）接触直接入口食品的工具、容器前要进行严格的消毒。

（4）冷藏食品应保质、保鲜，肉类食物在食用前应加热煮透，隔餐剩菜食用前也应充分加热。

（5）腌腊、罐头等即食食品，在食用前应加热6—10分钟。

（6）为保障饮食安全，切勿私自采摘野菜、野果、野生菌类食用。如需采摘，务必在老师或专业工作人员的指导和陪同下进行。

3. 食物中毒的应对措施

（1）催吐：食物中毒自我急救的最常用办法是催吐，如果吃下有毒食物的时间在2小时以内，可以进行催吐。

（2）导泻：如果吃下中毒食物的时间较长，已超过2小时，但中毒者精神状态较好，则可服用泻药，促使中毒食物尽快排出体外。

（3）对症治疗：遵医嘱服用相应的药物等进行解毒。

（4）保护现场：封存有毒食物或疑似有毒食物，等待进一步检验。

（二）一氧化碳中毒

一氧化碳的密度比空气小，当在空气中的浓度超过12.5％时，遇明火便具有爆炸性。它无色、无味、无刺激性，因此即便空气中存在大量一氧化碳，人们也很难及时察觉。生活中的一氧化碳主要来源于含碳物质的燃烧，常见场景包括煤炉取暖、炭盆取暖、炭火锅烹饪、燃气热水器使用，以及汽车发动机运转、煤气管道泄漏等，这些情况都会在环境中产生一定浓度的一氧化碳。当人处于含有一氧化碳的环境中，该气体便会通过呼吸进入肺部，迅速引发中毒反应。

1. 一氧化碳中毒的判断

（1）轻度中毒。

患者表现为头痛眩晕、心悸、恶心、呕吐、四肢无力，甚至出现短暂的昏厥。一般神志尚清醒，吸入新鲜空气，脱离中毒环境后，症状迅速消失，一般不留后遗症。轻度中毒者脱离中毒环境后数小时就可恢复。

（2）中度中毒。

患者表现为头痛、恶心、呕吐，通常伴随着头晕和眩晕，甚至引起平衡失调和意识模糊。也可能导致呼吸急促、身体乏力、精神倦怠、肌肉疼痛和关节疼痛，加重心脏负荷，甚至出现心悸，还可能有失眠、焦虑等症状。

（3）重度中毒。

患者可能出现去大脑皮质状态，临床表现为睁眼昏迷。同时伴随体温升高、呼吸频率加快，严重时可发展为呼吸衰竭；脉搏呈现快而弱的特征，血压也会随之下降。如果空气中一氧化碳浓度很高，患者可能在几次深呼吸后会突然发生昏迷、惊厥、呼吸困难以致呼吸麻痹，这称为闪电样中毒。

2. 一氧化碳中毒的防范

（1）保持室内良好通风。若在室内使用木炭或煤气，务必确保空气流通顺畅。对于煤气热水器、煤气炉灶、燃煤及燃油设备等，切勿将其放置在家人居住的房间内或通风不良之处，条件允许的话，室内最好安装机械抽排风设施。

（2）正确选择、合理安装和安全使用燃气热水器。燃气热水器严禁直接安装在淋浴间内。使用前,需仔细检查煤气是否泄漏、燃气灶具是否存在故障,同时查看连接灶具的橡胶管有无松脱、老化、破裂或虫咬现象。洗浴过程中,务必打开抽风机或窗户进行通风,并控制洗浴时间,不宜过长。多人连续使用燃气热水器洗澡时,应间隔一定时间,确保室内外空气能够充分循环流通。

(3)开车时,不要让发动机长时间空转;车辆停驶时,避免长时间使用空调;即使在行驶过程中,也应经常开窗通风,促进车内外空气对流。若感到身体不适,应立即停车休息;驾驶或乘车时,一旦出现头晕、乏力等症状,需及时开窗呼吸新鲜空气。

3. 一氧化碳中毒的应对

(1)迅速使患者脱离中毒环境:尽快将患者移至空气新鲜的地方,这样对患者最为有利,若无法做到时,则应打开门窗通风换气,还可使用风扇加速空气流通,降低室内一氧化碳浓度。

(2)尽快送患者去医院接受高压氧治疗:急性一氧化碳中毒的最佳方法是高压氧治疗,患者接受该疗法越早获益越大,对重症患者尤其如此。因此,应争分夺秒送患者去有高压氧治疗设备的医院,千万不要盲目将患者送到无该设备的医院,以免耽误病情。

(3)对呼吸不正常的患者应尽快实施人工呼吸,

三、动物叮咬

(一)昆虫叮咬

在研学旅游中,任何地方都有可能遇到昆虫叮咬,在野外遇到的概率会更大。能导致虫咬皮炎的昆虫很多,常见的有蚊子、臭虫、跳蚤、飞蛾等。另外有些毛虫,如桑毛虫、刺毛虫的毒毛刺入皮肤也会引发病症。

1. 昆虫叮咬的防范

(1)不要去景区以外的草丛、灌木丛、树林、沼泽地和潮湿的地方。

(2)外出时,尽量避免过多暴露身体,并在裸露的皮肤上喷涂防蚊露。同时,尽量避免在黄昏蚊虫活动高峰时段外出。

(3)睡觉时在室内使用电蚊香驱蚊,不在地面上直接铺垫睡觉,不在丛林间坐卧休息。

(4)不使用含有香味的洗涤剂、护肤品等,因为香味易吸引蚊虫。

(5)搞好个人卫生。夏季出汗多,易吸引蚊虫叮咬,应经常洗澡以去除身上的汗味,洗澡水的温度不宜过高,以30 ℃—40 ℃为宜。

(6)居室内要保持空气流通、环境整洁,避免潮湿。

2. 昆虫叮咬的应对

(1)不要用手搔抓皮肤,避免抓破皮肤。

（2）可以用肥皂或小苏打稀释后局部中和蚊虫酸性毒素以缓解红肿症状；同时还要考虑止痒，可以用炉甘石洗剂等擦洗叮咬处。

（3）若蚊虫叮咬处出现感染，可以用抗生素进行治疗，如用红霉素药膏涂抹在叮咬处。

（4）如果引发过敏性皮炎，可去医院皮肤科就诊。

（二）蜂蜇

蜂蜇伤是指人体被蜂尾蛰刺后，毒液注入体内，有时蜂刺还会留存在皮肤内所引发的病症。患者局部通常会出现红肿、刺痛等症状，严重时甚至会伴有头晕、恶心等中毒反应。被少量蜂蜇，一般无全身症状；若被大量蜂蜇，可产生大面积肿胀，有的会引起组织坏死，重者出现恶心无力、发热等全身症状，甚至出现过敏性休克或急性肾功能衰竭；被大黄蜂蜇伤，可导致休克、昏迷、抽搐、心脏和呼吸麻痹等，可致死亡。蜂蜇的应对方法主要有以下几点。

（1）不要紧张，保持镇静。

（2）若有毒刺刺入皮肤，应立即小心拔除毒刺。

（3）用温水、肥皂水等清洗伤口。

（4）涂万花油、红花油、绿药膏等均可。

（5）伤情严重者应尽快送医院诊治，同时要注意保持呼吸道通畅。

（三）蛇咬伤

1.蛇咬伤的防范

蛇盘起身子之时最危险，切勿尝试捕捉或挑逗，以免将其激怒而伤人。遇蛇要绕开走，不要将手伸入树洞中或草丛中，不要随意翻动石块，跨过石头和木头等物时，应注意防备另一侧可能有蛇。

2.蛇咬伤的应对措施

（1）如果不慎被蛇咬伤，立即坐下，尽量减少运动，避免血液循环加速。

（2）被蛇咬伤后，队医会按照局部包扎、冲洗伤口、快速诊断这三个步骤处理伤口。首先，建议使用鞋带、裤带等对伤肢进行绑扎，以此阻断毒液经静脉和淋巴回流入心脏，降低毒液的吸收与扩散，但每隔30分钟左右需松解一次，防止影响血液循环。完成绑扎后，应立即用自来水、河水、井水或肥皂水等冲洗伤口周围皮肤，若条件允许，最好使用1:5000的高锰酸钾溶液冲洗，促进毒素排出。最后进行快速诊断，若确定为蛇咬伤，还需进一步判断是否为毒蛇。若情况严重，应立即拨打120急救电话。

（四）狗咬伤

如果被狗咬伤，则须注意以下情况：

（1）若伤口流血，只要流血不多，就不要急着止血，因为流出的血可将伤口残留的狗的唾液冲走。

(2) 对于流血不多的伤口,要从近心端向伤口挤压出血,以利排毒。

(3) 用干净的软刷蘸取浓度较高的肥皂水反复刷洗伤口,刷洗至少要持续30分钟。

(4) 刷洗后,再用浓度70%的酒精溶液涂擦伤口数次。

(5) 涂擦完毕后,伤口不必包扎,可裸露。

(6) 经过上述处理后,应尽快将伤员送往附近医院或卫生防疫站注射狂犬病疫苗。

课后练习

1. 研学旅行中如何预防食物中毒?

2. 在研学旅行中如被动物叮咬,应该如何处理?

任务五　社会安全事件防范与应对

任务导入

降低被盗风险的行前准备:

1. 精简随身物品

(1) 只携带必要证件(如身份证、学生证)和少量现金,贵重物品(笔记本电脑、相机等)非必需尽量不携带。

(2) 使用隐形腰包或防盗背包,避免使用单肩包、手提袋等易被抢夺的包具。

2. 分散存放财物

(1) 将现金分开放置(如部分放背包、部分贴身存放),避免集中一处。

(2) 重要证件复印备份,与原件分开保管(如教师统一保管复印件)。

3. 安全教育强化

(1) 行前组织防盗专题培训,提醒学生注意车站、景区入口拥挤场所,警惕陌生人搭讪等高风险情况。

(2) 模拟场景演练:如遇到扒窃如何呼救,如何保护自身安全等。

任务解析

研学旅行防盗需坚持"预防为主"原则,行前做好准备会减少不必要的损失。

任务重点

掌握研学旅行过程中涉及刑事案件、群体性事件的防范。

任务难点

掌握研学旅行过程中涉及刑事案件、群体性事件的应对。

任务实施

一、涉及刑事案件的防范与应对

研学旅行成员多为未成年人,涉世不深、缺少警惕性,容易成为不法分子的目标。因此,提高防范意识并增强应对各类刑事案件的能力至关重要。组织者应加强对学生的安全教育,提醒学生时刻保持警惕,注意保管好个人财物。

(一)盗窃

1.盗窃的防范

(1)研学旅游期间尽量少带现金,重要证件分开放,避免在公共场所暴露个人财富或者隐私。

(2)要将自己的随身物品和其他贵重物品随身携带,避免丢失。

(3)开展活动时,如身上不方便携带物品,可交给专人看管。

2.遭遇盗窃的应对

(1)保护现场,及时报案。发现被盗时,不要惊慌失措,应迅速组织在场人员保护好现场,并及时向随团老师报告。

(2)及时报失,配合调查。若发现校园卡、银行卡、身份证、手机等被盗,应当尽快前往银行、派出所等相关部门进行挂失。知情人员应积极配合公安机关的调查取证工作,提供必要的线索和证据。

(二)抢劫与绑架

1.抢劫与绑架的防范

(1)外出时尽量穿着朴素,不佩戴贵重首饰,不携带贵重物品,外出务必结伴而行,晚上最好不外出。

(2)对陌生人保持警惕,不接受陌生人的钱财,不跟随陌生人出行,遇驾车的陌生人问路,应保持一定的安全距离,不要搭乘陌生人的车辆。

(3)避免乘坐非法营运车辆。

2.遭遇抢劫与绑架的应对措施

(1)保持冷静。遇事不慌,仔细观察抢劫者的特征,如外貌、身高、口音及衣着等,这些信息对警方后续破案至关重要。不要试图与抢劫者搏斗,以免遭受人身伤害。

(2)确保人身安全。顺从抢劫者的要求,交出财物,不要吝惜钱财,以防其伤害性命。避免与抢劫者发生冲突,记住"生命安全高于一切"。

(3)迅速报警。在确保自身安全的情况下,立即拨打110报警,提供详尽信息,如抢劫细节、抢劫者逃跑方向等,协助警方破案。

(4)寻找目击证人。如有条件,尝试寻找目击者并获取其联系方式,为警方调查提供线索。

(5)配合调查。向警方详细说明案件情况,提供有关证据或线索,并在案件处理流程完成后,主动索要警方出具的案件报告复印件,以便后续查询或使用。

(6)如果不幸遭遇抢劫被控制,应抓住一切机会与外界取得联系。例如,当向劫匪提出上厕所或喝水等合理需求时,可在不引起对方警觉的前提下,巧妙留下求救信号或线索,为获救创造条件。

(7)在危急情况下,可充分借助现代科技手段发出求救信号:首先,务必妥善管理手机电量,确保在关键时候能够拨打紧急电话或发送求救信息;其次,尝试编辑包含实时位置的短信,或通过社交媒体向亲友发送求助消息;若现场环境允许,还可将手机伪装成意外遗落的状态,借助手机定位功能或遗留的信息,向外界传递自身所处困境。

二、群体性突发事件

群体性突发事件,是指突然发生,由多人参与,以满足特定需求为目的,通过扩大事态、加剧冲突、实施暴力等手段,扰乱、破坏或直接威胁社会秩序与公共安全,需要立即进行处置的群体性行为事件。

(一)群体性突发事件的防范

1.提高防范意识

研学旅行过程中,需把应对学生群体性突发事件的各项工作,落实到学生日常管理之中。提高防范意识,及时掌握学生的思想动态,有效控制危机,力争做到早发现、早报告、早控制、早解决,将突发事件造成的损失减少到最低程度。

2.执行重大情况报告和请示制度

对可能发生的学生群体性事件,应在尽可能摸清情况(包括事件发生时间地点、参与人员、可能的原因、发展势态等)的基础上,按规定及时向组织方以及涉事学生家长报告情况;并由组织方根据具体情况,及时向上级主管部门、地方政府、公安机关等有关部门报告。

3.发挥学生骨干的作用

平时,通过学生骨干有效处理各类矛盾,在学生和老师之间搭建沟通的桥梁;事件发生后,发挥学生骨干的作用,尽快稳定学生情绪,正确引导舆论以防止有害信息传播。

4. 防范踩踏事件发生

群体性突发事件发生时,往往伴随着踩踏事件,因此在开展研学旅行动时需控制人群密度。到达研学旅游目的地后,应首先观察周围的环境,记住主要的出入口,如果拥挤、慌乱的人群向自己涌来时,切勿逆着人流前进,应该马上从安全出口迅速逃离到安全地带。

(二)群体性突发事件的应对

(1)事件发生后,随队的组织方及承办方人员必须在第一时间内赶赴事发现场,了解和掌握事件情况,控制局面,阻止事态发展,维持现场秩序并将情况及时上报组织方和管理方。

(2)及时疏散聚众人员,防止事态恶化和对其他学生造成不良影响。

(3)如发生伤害事故,应及时组织现场急救,情况严重的尽快送医院。

(4)广泛收集信息,分析事件性质,及时向组织方和学生家长反馈相关信息,形成合力,彻底解决问题,消除隐患。对事态严重、影响恶劣的群体性事件,要在解决问题的同时上报教育主管部门。

(5)对群体性事件可能出现反复或者可能引发连锁反应的苗头、信息要迅速采取有效措施,坚决将其消除在事件发生之前。

课后练习

1. 研学旅行过程中遭遇盗窃应如何应对?
2. 研学旅行中为避免群体性突发事件,应如何提高防范意识?

拓展阅读

成都市教育局等六部门关于进一步加强中小学
研学旅行管理的通知(节选)

1. 加强交通安全管理

交通运输部门要依法查处各类违法违规经营行为,督促企业严格落实安全生产主体责任,加强对承运车辆的安全检查以及从业人员培训。教育部门要督促指导学校选择合规的客运企业提供服务。学校要严格对交通承运企业运营资质的审核把关,不得租用未取得客运经营许可、未持有有效道路运输证、未签订包车合同的车辆。各区(市)县公安部门要加强研学活动承运车辆交通秩序管理。

2. 规范餐饮安全管理

各区(市)县教育部门要会同当地市场监管等部门加大对研学旅行食品安全管理的统筹规划和管理指导,逐步建立研学旅行就餐信息通报机制,及时将就餐信息通报至供餐单位所在地市场监管等部门。各区(市)县市场监管部门按职能职责加强研学旅行餐饮服务单位食品安全监督管理,要加大对无证经营、经营过期食品、售卖腐败变质食品等违法违规行为的查处力度。学校要选择具备合法经营主体资质和具有相应接待能力的餐饮服务提供者,并参照《学校食品安全与营养健康管理规定》的相关标准落实研学活动餐饮保障,制定食品安全保障方案和应急处置预案。

3.加强卫生防病管理

各区(市)县卫健部门要加强对研学旅行基地及其住宿场所公共卫生的监督检查,加强传染病防控监督,督促经营者加强卫生管理,为学生提供干净放心安全的公共用品用具,指导学校做好研学旅行活动中突发公共卫生事件的预防控制,高效开展应急医疗救治。学校要做好师生健康状况监测,对出现发热、咳嗽、呕吐、腹泻等传染病相关症状的师生,应暂停参加研学活动。学校开展研学旅行活动应当选择营业执照、消防安全许可证、公共场所卫生许可证、特种行业许可证等证照齐全的住宿场所,以安全、卫生、舒适为基本要求,住宿场所应符合《四川省研学旅行实践承办机构服务与管理规范》(DB51/T 3080—2023)的相关要求。

(资料来源:成都市教育局官网。)

⛵ 项目小结

项目五围绕安全风险防控体系构建,系统培养学生应对突发事件的综合能力。项目以知识、能力、素养三维目标为导向,要求学生掌握自然灾害、事故灾难等安全风险事件的防范措施与应对流程,并通过任务模块强化实操技能,如制定应急预案、开展安全教育、规范安全管理流程等。项目强调制度建设,要求建立专职安全团队、流程化管理制度及多方责任体系,同时注重应急响应机制,覆盖事前预防、事中处置及事后反馈全流程。项目还融入法律意识培养和心理抗压训练,通过案例分析、模拟演练提升学生风险预判、团队协作及危机决策能力。最终形成"预防—应对—反思"的闭环管理体系,为研学活动的高质量发展提供安全保障。

⛵ 能力训练

1.在一次研学旅行中,学生小明在景区游玩时突然溺水。请根据以下要求完成任务:

(1)描述事故发生后应立即采取的应急措施。

(2)如果你是研学导师,如何组织其他学生协助救援?

(3)事后如何进行妥善处理和总结?

2.在一次研学旅行中,学校与旅行社签订了安全责任书,并购买了意外保险。但在

旅途中,一名学生因食物中毒导致身体不适。请根据以下要求完成任务:

(1) 描述如何预防食物中毒。

(2) 如果你是研学导师,如何处理学生身体不适?

(3) 事后如何与家长沟通并妥善处理后续事宜?

项目六
研学旅行安全管理的法律法规与政策环境

学习目标

知识目标

（1）熟悉与研学旅行安全管理相关的其他法律法规，掌握研学旅行安全管理中可能涉及的法律风险。

（2）能够全面理解国家及地方关于研学旅行安全管理的相关政策文件，包括政策出台的背景、目的、主要内容及实施情况等。

（3）了解国外研学旅行安全管理的典型做法及对我国研学旅行安全管理的经验借鉴。

能力目标

（1）形成分析研学旅行安全管理相关法律问题的能力，能够运用法律知识对研学旅行中的安全风险进行评估和分析，提出合理的解决方案。

（2）具备对研学旅行安全管理相关政策进行初步分析、比较和解读的能力，能够研判政策变化对研学旅行安全管理工作的影响。

（3）能够运用所学国际经验，分析研学旅行安全管理中存在的问题，并提出具体改进建议。

素养目标

（1）具备法治思维和遵规守纪意识，能够自觉在法律法规的范围内开展研学旅行安全管理工作。

（2）形成持续学习意识，能够不断关注研学旅行安全管理的新政策、新制度、新理念。

（3）具备国际视野，能够从国际视角看待研学旅行安全管理问题。

思维导图

研学旅行安全管理的法律法规与政策环境

研学旅行安全管理的相关法律法规
- 《中华人民共和国旅游法》
- 《中华人民共和国未成年人保护法》
- 《中华人民共和国突发事件应对法》
- 《中华人民共和国安全生产法》
- 《中华人民共和国食品安全法》
- 相关法律法规

研学旅行安全管理的政策导向与支持
- 国家层面政策支持及解读
- 地方政府配套措施及实施情况
- 行业组织标准制定和推广工作
- 企业内部管理制度完善建议

研学旅行安全管理的国际经验与借鉴
- 日本修学旅行安全管理经验的解读与借鉴
- 美国营地教育安全管理经验的解读与借鉴
- 其他国家研学旅行安全管理经验的解读与借鉴

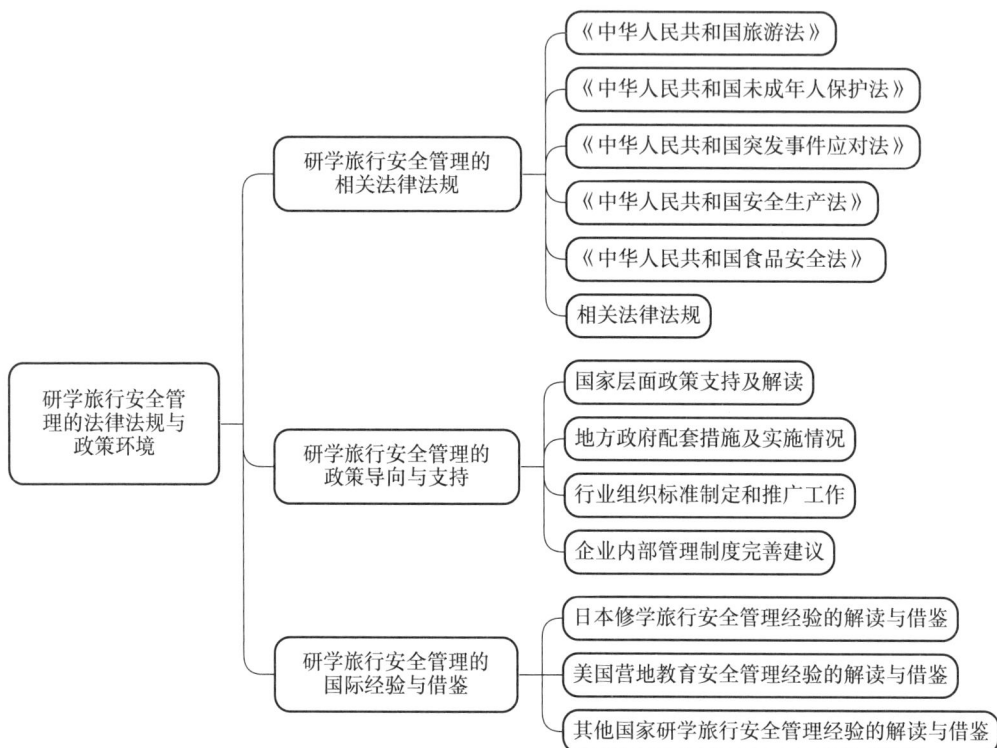

任务一　研学旅行安全管理的相关法律法规

任务导入

某中学组织了一次为期一周的研学旅行活动,在出发前学校成立了研学旅行安全预案小组,对整个行程进行了周密规划,并制定了详细的安全预案。学校对全体师生进行了安全教育,包括交通、住宿、饮食、防火防盗等方面。在研学旅行过程中,学校严格执行安全预案,以确保师生安全。

请解析该案例中某中学行为的法律依据。

任务解析

该案例中某中学的做法符合《中华人民共和国突发事件应对法》《突发事件应急预案管理办法》的相关规定。《中华人民共和国突发事件应对法》规定,"所有单位应当建立健全安全管理制度,定期开展危险源辨识评估,制定安全防范措施"及"各级各类学校应当把应急教育纳入教育教学计划,对学生及教职工开展应急知识教育和应急演练,培养安全意识,提高自救与互救能力";《突发事件应急预案管理办法》规定,"应急预案编制单位应当通过编发培训材料、举办培训班、开展工作研讨等方式,对与应急预案实施密切相关的管理人员、专业救援人员等进行培训"及"专项应急预案按管理权限报所在地行业监管部门备案,抄送应急管理部门和有关企业主管机构、行业主管部门"。

任务重点

熟悉与研学旅行安全管理相关的其他法律法规。

任务难点

掌握研学旅行安全管理中可能涉及的法律风险。

任务实施

一、《中华人民共和国旅游法》

(一)《中华人民共和国旅游法》出台的背景

随着旅游业的快速发展,其立法需求日益迫切,亟须通过专门旅游法律法规来规范市场行为、保护旅游者和经营者的合法权益。同时,旅游法治建设也为旅游立法提供了法制基础。在《中华人民共和国旅游法》出台前,国务院及相关部门已经制定了一系列行政法规和规章,为旅游法的制定奠定了基础。据此,全国人民代表大会常务委员会于2013年4月25日正式发布了《中华人民共和国旅游法》,并于2013年10月1日起开始施行。《中华人民共和国旅游法》全文共十章一百一十二条,分别于2016年、2018年进行了两次修订。

(二)《中华人民共和国旅游法》与研学旅行安全管理

《中华人民共和国旅游法》极为重视旅游安全工作,设立"旅游安全"专章和其他章节条目规范旅游安全管理行为,而相关内容同样适用于研学旅行安全管理。

1. 国家相关部门的安全管理责任

(1)安全管理主体责任单位。

县级以上人民政府统一负责旅游安全工作。县级以上人民政府有关部门依照法律、法规履行旅游安全监管职责。

(2)旅游目的地安全风险提示制度。

国家建立旅游目的地安全风险提示制度,旅游目的地安全风险提示的级别划分和实施程序,由国务院旅游主管部门会同有关部门制定。县级以上人民政府及其有关部门应当将旅游安全作为突发事件监测和评估的重要内容。

(3)旅游应急管理。

县级以上人民政府应当依法将旅游应急管理纳入政府应急管理体系,制定应急预案,建立旅游突发事件应对机制。突发事件发生后,当地人民政府及有关部门和机构应当采取措施开展救援,并协助旅游者返回出发地或者旅游者指定的合理地点。

2. 旅游经营者的安全管理责任

(1)安全保障责任。

旅游经营者应当严格执行安全生产管理和消防安全管理的法律法规和国家标准、行业标准,具备相应的安全生产条件,制定旅游者安全保护制度和应急预案。

旅游经营者应当对直接为旅游者提供服务的从业人员开展经常性应急救助技能培训,对提供的产品和服务进行安全检查、监测和评估,采取必要措施防止危害发生。

旅游经营者组织、接待老年人、未成年人、残疾人等旅游者,应当采取相应的安全保障措施。

(2)安全警示责任。

旅游经营者有责任就"正确使用相关设施、设备的方法;必要的安全防范和应急措施;未向旅游者开放的经营、服务场所和设施、设备;不适宜参加相关活动的群体;可能危及旅游者人身、财产安全的其他情形",以明示的方式事先向旅游者作出说明或者警示。

(3)安全救助责任。

突发事件或者旅游安全事故发生后,旅游经营者应当立即采取必要的救助和处置措施,依法履行报告义务,并对旅游者作出妥善安排。

(4)交纳旅游服务质量保证金的责任。

旅行社应当按照规定交纳旅游服务质量保证金,用于旅游者权益损害赔偿和垫付旅游者人身安全遇有危险时紧急救助的费用。

3. 旅游者的安全权利和义务

(1)安全求助的权利和义务。

① 旅游者中国出境旅游者在境外陷入困境时,有权请求我国驻当地机构在其职责范围内给予协助和保护。

② 旅游者在人身、财产安全遇到危险时,有权请求旅游经营者、当地政府和相关机构进行及时救助。

③ 旅游者接受相关组织或者机构的救助后,应当支付应由个人承担的费用。

(2)安全赔偿的权利和义务。

① 旅行社不履行包价旅游合同义务或者履行合同义务不符合约定的,应当依法承担继续履行、采取补救措施或者赔偿损失等违约责任;造成旅游者人身损害、财产损失

的,应当依法承担赔偿责任。旅行社具备履行条件,经旅游者要求仍拒绝履行合同,造成旅游者人身损害、滞留等严重后果的,旅游者还可以要求旅行社支付旅游费用一倍以上三倍以下的赔偿金。

② 在旅游者自行安排活动期间,旅行社未尽到安全提示、救助义务的,应当对旅游者的人身损害、财产损失承担相应责任。

③ 由于地接社、履行辅助人的原因造成旅游者人身损害、财产损失的,旅游者可以要求地接社、履行辅助人承担赔偿责任,也可以要求组团社承担赔偿责任;组团社承担责任后可以向地接社、履行辅助人追偿。但是,由于公共交通经营者的原因造成旅游者人身损害、财产损失的,由公共交通经营者依法承担赔偿责任,旅行社应当协助旅游者向公共交通经营者索赔。

④ 旅游者自身原因导致包价旅游合同不能履行或者不能按照约定履行,或者造成旅游者人身损害、财产损失的,旅行社不承担责任。

(3) 遵守安全警示规定的义务。

① 旅游者购买、接受旅游服务时,应当向旅游经营者如实告知与旅游活动相关的个人健康信息,遵守旅游活动中的安全警示规定。

② 旅游者对国家应对重大突发事件暂时限制旅游活动的措施以及有关部门、机构或者旅游经营者采取的安全防范和应急处置措施,应当予以配合。

③ 旅游者违反安全警示规定,或者对国家应对重大突发事件暂时限制旅游活动的措施、安全防范和应急处置措施不予配合的,依法承担相应责任。

二、《中华人民共和国未成年人保护法》

(一)《中华人民共和国未成年人保护法》出台的背景

《中华人民共和国未成年人保护法》的制定,是基于我国未成年人群体庞大且权益保护需求紧迫的现实背景。20世纪80年代,未成年人约占全国人口三分之一,但监护侵害、校园欺凌、青少年犯罪等问题频发,暴露原有法律体系对未成年人特殊保护的缺失。在1991年该法首次制定前,我国仅有部分省市出台了地方性保护条例,亟须建立全国性法律以应对监护失责、教育失衡及社会不良文化侵蚀等问题。随着社会发展,网络沉迷、性侵害等新风险涌现,原有法律框架难以覆盖。2020年修订在"家庭保护""学校保护""社会保护""司法保护"四大保护维度的基础上新增"网络保护""政府保护",强化监护人责任、建立强制报告制度,并回应留守儿童监护、校园安全等社会痛点。该法历经多次修订,体现了国家将未成年人保护纳入法治化轨道的战略考量,旨在为几亿未成年人构建全方位成长保障机制。

(二)《中华人民共和国未成年人保护法》与研学旅行安全管理

研学活动的主要参与者为中小学生,他们大多是未成年人。《中华人民共和国未成年人保护法》中对于未成年人参与校外实践活动的安全问题,给予了一定的关注。

1.学校需履行的安全保护责任

(1)保障未成年人在校、在园期间人身和财产安全的责任。

① 学校、幼儿园不得在危及未成年人人身安全、身心健康的校舍和其他设施、场所中进行教育教学活动。

② 学校、幼儿园安排未成年人参加文化娱乐、社会实践等集体活动,应当保护未成年人的身心健康,防止发生人身伤害事故。

(2)安全预防、救护和报告的责任。

① 学校、幼儿园应当根据需要,制定应对自然灾害、事故灾难、公共卫生事件等突发事件和意外伤害的预案,配备相应设施并定期进行必要的演练。

② 未成年人在校内、园内或者本校、本园组织的校外、园外活动中发生人身伤害事故的,学校、幼儿园应当立即救护,妥善处理,及时通知未成年人的父母或者其他监护人,并向有关部门报告。

2.社会需履行的安全保护责任

(1)未成年人集中活动的公共场所应当符合国家或者行业安全标准,并采取相应安全保护措施。对可能存在安全风险的设施,应当定期进行维护,在显著位置设置安全警示标志并标明适龄范围和注意事项;必要时应当安排专门人员看管。

(2)大型的商场、超市、医院、图书馆、博物馆、科技馆、游乐场、车站、码头、机场、旅游景区景点等场所运营单位应当设置搜寻走失未成年人的安全警报系统。场所运营单位接到求助后,应当立即启动安全警报系统,组织人员进行搜寻并向公安机关报告。

(3)公共场所发生突发事件时,应当优先救护未成年人。

三、《中华人民共和国突发事件应对法》

(一)《中华人民共和国突发事件应对法》出台的背景

《中华人民共和国突发事件应对法》的制定,主要基于我国作为自然灾害和事故灾难等突发事件多发国家的现实情况,以及应急管理体系转型需求。21世纪初,经济社会快速发展的同时暴露出原有应急法律体系的诸多问题。该法于2007年通过,旨在构建"统一领导、分级负责、属地管理"的应急体制,强化预防与应急准备,平衡应急处置效率与公民权利保护,为防范化解重大风险提供制度保障。其修订(2024年)进一步体现了新时代统筹发展与安全、完善中国特色应急管理体系的要求。

(二)《中华人民共和国突发事件应对法》与研学旅行安全管理

《中华人民共和国突发事件应对法》所称突发事件,是指突然发生,造成或者可能造成严重社会危害,需要采取应急处置措施予以应对的自然灾害、事故灾难、公共卫生事件和社会安全事件。突发事件会对研学活动的正常开展带来直接影响,亦会对研学者的安全造成重大威胁。了解《中华人民共和国突发事件应对法》中关于研学安全相关的内容,有利于研学旅行安全管理工作的顺利开展。

1. 优先保护弱势群体的规定

国家在突发事件应对工作中,应当对未成年人、老年人、残疾人、孕产期和哺乳期的妇女、需要及时就医的伤患人员等群体给予特殊、优先保护。

2. 人员密集场所的规定

(1) 公共交通工具、公共场所和其他人员密集场所的经营单位或者管理单位应当制定具体应急预案,为交通工具和有关场所配备报警装置和必要的应急救援设备、设施,注明其使用方法,并显著标明安全撤离的通道、路线,保证安全通道、出口的畅通。

(2) 公共场所和其他人员密集场所,应当指定专门人员负责突发事件预警信息接收和传播工作,做好相关设备、设施维护,确保突发事件预警信息及时、准确接收和传播。

3. 学校及教育主管部门的预防与应急准备规定

(1) 各级各类学校应当把应急教育纳入教育教学计划,对学生及教职工开展应急知识教育和应急演练,培养安全意识,提高自救与互救能力。

(2) 教育主管部门应当对学校开展应急教育进行指导和监督,应急管理等部门应当给予支持。

4. 突发事件应急响应制度的规定

(1) 突发事件的应急响应级别,按照突发事件的性质、特点、可能造成的危害程度和影响范围等因素分为一级、二级、三级和四级,一级为最高级别。

(2) 突发事件应急响应级别划分标准由国务院或者国务院确定的部门制定。县级以上人民政府及其有关部门应当在突发事件应急预案中确定应急响应级别。

四、《中华人民共和国安全生产法》

(一)《中华人民共和国安全生产法》出台的背景

《中华人民共和国安全生产法》是党中央为破解经济转型期安全生产乱象、筑牢人民生命防线制定的关键性立法。该法是经济高质量发展的制度基石。2021年修订新增平台经济条款,彰显法律与时俱进、坚守"人民至上"核心价值的治理逻辑。

(二)《中华人民共和国安全生产法》与研学旅行安全管理

《中华人民共和国安全生产法》为研学旅行安全管理提供了法律框架和指导原则。该法确立的"安全第一、预防为主、综合治理"方针,要求研学活动组织者严格落实主体责任,将安全风险防控嵌入课程设计、交通住宿等全流程。承办机构需建立双重预防机制,定期排查隐患,制定应急预案并演练,同时强化参与师生的安全教育,提升事故应对能力。教育、文旅等部门依据法律实施协同监管,通过明确责任分工、规范服务标准,推动构建政府监管、行业自律、社会监督的共治体系,切实保障未成年人集体出行安全。这体现了法律对教育实践活动的刚性约束与价值引领作用。

1. 生产经营单位安全生产保障方面的规定

(1) 生产经营单位应当具备有关法律、行政法规和国家标准或者行业标准规定的安全生产条件;不具备安全生产条件的,不得从事生产经营活动。

(2) 生产经营单位的安全生产责任制应当明确各岗位的责任人员、责任范围和考核标准等内容。

(3) 生产经营单位应当具备的安全生产条件所必需的资金投入,由生产经营单位的决策机构、主要负责人或者个人经营的投资人予以保证,并对安全生产所必需的资金投入不足导致的后果承担责任。

(4) 生产经营单位应当对从业人员进行安全生产教育和培训,保证从业人员具备必要的安全生产知识,熟悉有关的安全生产规章制度和安全操作规程,掌握本岗位的安全操作技能,了解事故应急处理措施,知悉自身在安全生产方面的权利和义务。未经安全生产教育和培训合格的从业人员,不得上岗作业。

(5) 生产经营单位采用新工艺、新技术、新材料或者使用新设备,必须了解、掌握其安全技术特性,采取有效的安全防护措施,并对从业人员进行专门的安全生产教育和培训。

(6) 生产经营单位的特种作业人员必须按照国家有关规定经专门的安全作业培训,取得相应资格,方可上岗作业。

(7) 生产经营单位应当在有较大危险因素的生产经营场所和有关设施、设备上,设置明显的安全警示标志。

(8) 生产经营单位对重大危险源应当登记建档,进行定期检测、评估、监控,并制定应急预案,告知从业人员和相关人员在紧急情况下应当采取的应急措施。

(9) 生产经营单位应当建立健全生产安全事故隐患排查治理制度,采取技术、管理措施,及时发现并消除事故隐患。事故隐患排查治理情况应当如实记录,并向从业人员通报。

(10) 生产经营单位的安全生产管理人员应当根据本单位的生产经营特点,对安全生产状况进行经常性检查;对检查中发现的安全问题,应当立即处理;不能处理的,应当及时报告本单位有关负责人,有关负责人应当及时处理。检查及处理情况应当如实记录在案。

(11) 生产经营单位不得将生产经营项目、场所、设备发包或者出租给不具备安全生产条件或者相应资质的单位或者个人。

(12) 生产经营单位发生生产安全事故时,单位的主要负责人应当立即组织抢救,并不得在事故调查处理期间擅离职守。

2. 法律责任规定

(1) 生产经营单位的决策机构、主要负责人或者个人经营的投资人不依照《中华人民共和国安全生产法》规定保证安全生产所必需的资金投入,致使生产经营单位不具备安全生产条件的,责令限期改正,提供必需的资金;逾期未改正的,责令生产经营单位停产停业整顿。

(2) 生产经营单位的主要负责人未履行《中华人民共和国安全生产法》规定的安全生产管理职责的,责令限期改正;逾期未改正的,处二万元以上五万元以下的罚款,责令生产经营单位停产停业整顿。

(3) 生产经营单位的主要负责人未履行《中华人民共和国安全生产法》规定的安全生产管理职责,导致发生生产安全事故的,由安全生产监督管理部门依照规定处以罚款。

五、《中华人民共和国食品安全法》

(一)《中华人民共和国食品安全法》出台的背景

《中华人民共和国食品安全法》的制定是我国食品安全治理从被动应对转向系统防控的重要里程碑。21世纪初,随着食品行业快速扩张,原有《中华人民共和国食品卫生法》已显严重滞后。2009年出台的《中华人民共和国食品安全法》实现三大突破:治理范式转型,从"卫生管理"升级为"安全治理";监管机制革新,建立全程追溯、风险监测体系,废止食品免检并严格规范添加剂使用;责任体系重构,确立地方政府总责、强化行刑衔接、引入千万元级惩罚性赔偿。立法过程深度融合国际食品法典标准与本土实践,构建"政府主导、企业自律、社会监督"的共治格局,通过有奖举报、信息透明等制度激活多元主体参与。2015年修订时增设"终身禁业""首负责任制"等条款,以"史上最严"姿态筑牢法治防线,标志着我国食品安全治理迈入风险预防、系统管控的新阶段。

(二)《中华人民共和国食品安全法》与研学旅行安全管理

《中华人民共和国食品安全法》为研学旅行中的集体用餐安全构建了系统性保障,其核心在于通过全流程监管与主体责任落实降低食安风险。该法以"预防为主、风险管理"为原则,要求研学活动组织方严格审核供餐单位资质,确保其具备食品经营许可、从业人员健康证明及规范操作流程。针对研学场景中未成年人集中用餐的特殊性,承办机构需重点监督供餐环节:从食材采购的索证索票、加工环境的卫生管控,到运输过程的温度监测、分餐前的留样检测,均须符合法律规定的卫生标准。同时,法律明确要求供餐单位履行过敏原公示、特殊膳食标注等义务,并对高风险食品实施限制供应,防范群体性食源性疾病。市场监管部门依据法律对研学基地周边餐饮单位实施动态抽检,教育机构则需在行前教育中普及食品安全知识,提升学生自我保护意识。该法通过法律强制力与多部门协同共治,形成"源头可溯、过程可控、应急可处"的食品安全闭环管理体系,为研学旅行提供坚实的食品安全保障。

1. 食品安全标准规定

（1）制定食品安全标准,应当以保障公众身体健康为宗旨,做到科学合理、安全可靠。

（2）食品安全国家标准由国务院卫生行政部门会同国务院食品安全监督管理部门制定、公布,国务院标准化行政部门提供国家标准编号。

（3）对地方特色食品,没有食品安全国家标准的,省、自治区、直辖市人民政府卫生行政部门可以制定并公布食品安全地方标准,报国务院卫生行政部门备案。食品安全国家标准制定后,该地方标准即行废止。

2. 食品生产经营规定

（1）国家对食品生产经营实行许可制度。从事食品生产、食品销售、餐饮服务,应当依法取得许可。但是销售食用农产品,不需要取得许可。

（2）食品生产经营企业应当建立健全食品安全管理制度,对职工进行食品安全知识培训,加强食品检验工作,依法从事生产经营活动。

（3）食品生产经营者应当建立并执行从业人员健康管理制度。患有国务院卫生行政部门规定的有碍食品安全疾病的人员,不得从事接触直接入口食品的工作。

（4）食品经营者采购食品,应当查验供货者的许可证和食品出厂检验合格证或者其他合格证明。

（5）餐饮服务提供者应当制定并实施原料控制要求,不得采购不符合食品安全标准的食品原料。倡导餐饮服务提供者公开加工过程,公示食品原料及其来源等信息。

（6）学校、托幼机构、养老机构、建筑工地等集中用餐单位的食堂应当严格遵守法律、法规和食品安全标准;从供餐单位订餐的,应当从取得食品生产经营许可的企业订购,并按照要求对订购的食品进行查验。供餐单位应当严格遵守法律、法规和食品安全标准,当餐加工,确保食品安全。

3. 食品安全事故处置规定

（1）发生食品安全事故的单位应当立即采取措施,防止事故扩大。事故单位和接收患者进行治疗的单位应当及时向事故发生地县级人民政府食品安全监督管理、卫生行政部门报告。

（2）县级以上人民政府食品药品监督管理部门接到食品安全事故的报告后,应当立即会同同级卫生行政、质量监督、农业行政等部门进行调查处理,并采取下列措施,防止或者减轻社会危害。

（3）发生食品安全事故,设区的市级以上人民政府食品药品监督管理部门应当立即会同有关部门进行事故责任调查,督促有关部门履行职责,向本级人民政府和上一级人民政府食品药品监督管理部门提出事故责任调查处理报告。

（4）食品安全事故调查部门有权向有关单位和个人了解与事故有关的情况,并要求提供相关资料和样品。有关单位和个人应当予以配合,按照要求提供相关资料和样品,不得拒绝。

📖 知识活页

研学途中意外骨折,责任谁承担?

2023年4月,桂林市某中学与桂林市某旅行社签订《中小学生研学实践合同》,并向该校高三全体学生发放了"关于高三年级下学期春季社会实践活动通知"。而后,学校组织学生按照研学路线开展活动。活动当天,学生张彤（化名）在阳朔县某景区游玩时不慎被景区内的牵引绳子绊倒,经医院诊断为右侧肋骨下端骨折并周围软组织肿胀,花费医疗费4747.79元。各方就赔偿事宜协商未果,2024年1月,张彤将学校、旅行社、景区诉至阳朔县法院,要求三方共同承担医疗费、护理费、精神损失费等各项损失合计27379.77元。

法院审理查明,被告桂林市某中学在开展研学活动前,已向原告发放"关于高三年级下学期春季社会实践活动通知",明确告知活动相关事宜,并着重提醒安全事项。虽然原告未按要求上交家长签字的通知,但这并不影响学校已切实履行安全保障义务的事实认定,因此学校无需对伤害后果承担责任。被告景区辩称已设置警示标语,却未能提交证据,证明其在案涉区域设置了醒目安全警示牌及安全标语,也未充分告知游客进入该区域存在的危险性和安全注意事项。被告旅行社同样无法证明,其在研学活动前对研学场地进行了充分考察,且提前向学生告知场地风险及具体注意事项。基于此,上述两被告均未尽到安全保障义务,应承担相应责任。此外,原告作为成年人,理应对活动场地危险性和自身身体状况具备一定认知能力,因此对自身受伤结果也负有一定责任。综合全案事实与证据,法院依法判决旅行社、景区对伤害后果承担80%的责任,原告自行承担20%的责任。

（资料来源:阳朔法院官方微信公众号。）

思考:上述案例中,法院对各方责任的判定,依据了哪些研学旅行安全管理相关的法律法规?

六、相关法律法规

（一）《中华人民共和国基本医疗卫生与健康促进法》

1.《中华人民共和国基本医疗卫生与健康促进法》出台的背景

《中华人民共和国基本医疗卫生与健康促进法》出台的背景是我国医疗卫生体系

长期存在的结构性矛盾与健康中国战略的迫切需求。21世纪初,医疗资源"头重脚轻"问题突出,优质资源集中于大城市,基层机构服务能力薄弱,导致人们看病难、看病贵。公共卫生体系不健全,重大疫情应对能力不足,叠加"以治病为中心"的传统模式难以适应慢性病高发、老龄化加剧等健康挑战。同时,医药卫生体制改革急需法治保障,社会办医监管、医患矛盾、药品价格乱象等问题亟待规范。2017年,历经四次审议,该法广泛吸纳问题疫苗事件等教训,《中华人民共和国基本医疗卫生与健康促进法》最终于2019年审议通过。该法将健康权立法保障,确立公益性原则,重构分级诊疗体系,并通过健康影响评估制度推动"健康融入万策",标志着我国卫生健康治理从被动应对转向系统防控的里程碑。

2.《中华人民共和国基本医疗卫生与健康促进法》与研学旅行安全管理

《中华人民共和国基本医疗卫生与健康促进法》为研学旅行健康安全管理提供法律支撑,强调"预防为主、健康优先"原则。虽然该法没有直接提及研学旅行,但其基本原则和精神为研学旅行安全管理提供了法律基础。具体法条及其与研学旅行安全管理的关联如下:

(1)第三条:医疗卫生与健康事业应当坚持以人民为中心,为人民健康服务。医疗卫生事业应当坚持公益性原则。

关联解释:研学旅行安全管理同样需要坚持以参与者的健康和安全为中心,确保其活动不会危害参与者的健康。公益性原则也要求研学旅行组织者提供安全、健康的活动环境。

(2)第四条:国家和社会尊重、保护公民的健康权。国家实施健康中国战略,普及健康生活,优化健康服务,完善健康保障,建设健康环境,发展健康产业,提升公民全生命周期健康水平。

关联解释:研学旅行作为教育活动的一部分,应当尊重和保护参与者的健康权。组织者有责任提供符合健康标准的服务和环境,确保活动不会危害参与者的健康。

(3)第五条:公民依法享有从国家和社会获得基本医疗卫生服务的权利。国家建立基本医疗卫生制度,建立健全医疗卫生服务体系,保护和实现公民获得基本医疗卫生服务的权利。

关联解释:虽然此条直接关联基本医疗卫生服务,但研学旅行中的健康管理和应急处理也需遵循这一原则,确保参与者在遇到健康问题时能够及时获得必要的医疗卫生服务。

(4)第二十条:国家建立传染病防控制度,制定传染病防治规划并组织实施,加强传染病监测预警,坚持预防为主、防治结合、联防联控、群防群控、源头防控、综合治理,阻断传播途径,保护易感人群,降低传染病的危害。

关联解释:研学旅行中,组织者需要制定应急预案,包括传染病防控措施,以应对可能发生的公共卫生事件,保护参与者的健康。

（5）第二十七条：国家建立健全院前急救体系，为急危重症患者提供及时、规范、有效的急救服务。卫生健康主管部门、红十字会等有关部门、组织应当积极开展急救培训，普及急救知识，鼓励医疗卫生人员、经过急救培训的人员积极参与公共场所急救服务。

关联解释：研学旅行组织者应确保活动现场配备必要的急救设备和设施，并对参与人员进行急救知识培训，以便在紧急情况下能够及时、有效地进行救治。

（二）《生产安全事故应急预案管理办法》

1.《生产安全事故应急预案管理办法》的出台的背景

《生产安全事故应急预案管理办法》的出台历经多次修订完善。2009年，原国家安全监管总局颁布该办法，对加强应急预案管理发挥了重要作用。随着安全生产应急管理工作的深化及形势变化，原办法逐渐难以满足新的管理要求。2016年，相关部门对其进行修订，以适应安全生产体制机制改革需求，简化评审备案程序，并强化应急预案动态管理。2019年，应急管理部再次修订该办法，旨在贯彻落实《生产安全事故应急条例》等法规要求。该办法的出台具有重大意义：一方面，它规范了生产安全事故应急预案管理工作，明确了应急预案的编制、评审、公布、备案等全流程操作标准，有效提高了应急预案的质量和实用性；另一方面，通过强化制度设计，推动生产经营单位提升应急处置能力，确保在事故发生时能够迅速、有效地开展处置工作，进而减少事故损失，切实保护员工生命安全和企业财产安全，为应急管理工作的科学化、规范化发展提供了坚实的制度保障。

2.《生产安全事故应急预案管理办法》与研学旅行安全管理

《生产安全事故应急预案管理办法》与研学旅行安全管理之间关联密切并相互影响。该办法的出台为研学旅行安全管理中的应急预案制定、实施和监督管理提供了法律依据和指导，确保了研学旅行活动在突发事件发生时能够迅速、有效地进行应急处置，保障参与者的生命安全和身体健康。以下是与研学旅行安全管理直接相关的具体法条及其解释：

（1）第二条：生产安全事故应急预案（以下简称应急预案）的编制、评审、公布、备案、实施及监督管理工作，适用本办法。

关联解释：此条款明确了应急预案管理办法的适用范围，包括研学旅行活动中可能涉及的生产安全事故应急预案的编制、评审等各环节，为研学旅行安全管理提供了法律基础。

（2）第四条：应急管理部负责全国应急预案的综合协调管理工作。国务院其他负有安全生产监督管理职责的部门在各自职责范围内，负责相关行业、领域应急预案的管理工作。县级以上地方各级人民政府应急管理部门负责本行政区域内应急预案的综合协调管理工作。

关联解释:此条款明确了各级应急管理部门在应急预案管理中的职责,研学活动组织者需按照属地管理原则,接受当地应急管理部门的指导和监督,确保应急预案的合规性和有效性。

(3)第五条:生产经营单位主要负责人负责组织编制和实施本单位的应急预案,并对应急预案的真实性和实用性负责。

关联解释:虽然此条款针对的是生产经营单位,但研学旅行组织者(如学校、教育机构或旅行社)在组织研学旅行活动时,同样需要承担类似的职责,即确保应急预案的真实性和实用性,以应对可能发生的突发事件。

(4)第六条:生产经营单位应急预案分为综合应急预案、专项应急预案和现场处置方案。

关联解释:研学旅行组织者应根据活动特点,制定相应的综合应急预案、专项应急预案和现场处置方案。例如,针对交通事故、食物中毒等突发事件,制定具体的应急处置措施和流程。

(5)第七条:应急预案的编制应当遵循以人为本、依法依规、符合实际、注重实效的原则,以应急处置为核心,明确应急职责、规范应急程序、细化保障措施。

关联解释:此条款强调了应急预案编制的基本原则和要求,研学旅行组织者应遵循这些原则,确保应急预案的科学性、合理性和可操作性。

(6)第二十四条:生产经营单位的应急预案经评审或者论证后,由本单位主要负责人签署,向本单位从业人员公布,并及时发放到本单位有关部门、岗位和相关应急救援队伍。

关联解释:研学旅行组织者应组织专家对编制的应急预案进行评审或论证,确保其符合相关要求后,由主要负责人签署并公布。同时,应将应急预案及时发放到相关部门、岗位和应急救援队伍,确保每位参与者都了解应急预案的内容和应急处置流程。

(7)第三十一条:各级人民政府应急管理部门应当至少每两年组织一次应急预案演练,提高本地区、本部门、本单位生产安全事故应急处置能力。

关联解释:虽然此条款针对的是各级人民政府应急管理部门,但研学旅行组织者也应定期组织应急预案演练,提高参与者的应急处置能力和自救互救能力。

(三)《突发事件应急预案管理办法》

1.《突发事件应急预案管理办法》出台的背景

《突发事件应急预案管理办法》的制定,是基于我国应急管理体系持续完善的现实需求。此办法旨在落实党中央"总体国家安全观",通过规范预案编制、演练、评估全周期管理,打破"纸面预案"困境,强化政企多元主体协同应对能力,适应新型风险挑战,为构建统一高效的应急响应机制提供制度保障。

2.《突发事件应急预案管理办法》与研学旅行安全管理

《突发事件应急预案管理办法》与研学旅行安全管理之间存在密切的关联和相互影响。研学旅行作为校外集体活动,涉及学生安全、交通、住宿等多个方面,其安全管理工作需要依据相关法律法规进行。而《突发事件应急预案管理办法》为研学旅行安全管理提供了重要的法律依据和指导。此办法明确了应急预案的定义和适用范围,指出应急预案是为依法、迅速、科学、有序应对突发事件而预先制定的方案。这为研学旅行制定安全应急预案提供了法律依据,确保了预案的合法性和有效性。具体法条如下:

(1)第二条:"本办法所称应急预案,是指各级人民政府及其部门、基层组织、企事业单位和社会组织等为依法、迅速、科学、有序应对突发事件,最大程度减少突发事件及其造成的损害而预先制定的方案。"

关联解释:该条款明确了应急预案的定义和适用范围,为研学旅行制定安全应急预案提供了法律依据,确保了预案的合法性和有效性。

(2)第三条:"应急预案的规划、编制、审批、发布、备案、培训、宣传、演练、评估、修订等工作,适用本办法。"

关联解释:该条款规定了应急预案管理的全过程,包括规划、编制、审批、发布、备案、培训、宣传、演练、评估、修订等环节,这些环节对于研学旅行安全管理至关重要。研学旅行前需要制定详细的安全预案,并进行培训和演练,以提高应对突发事件的能力。

(3)第四条:"应急预案管理遵循统一规划、综合协调、分类指导、分级负责、动态管理的原则。"

关联解释:该条款明确了应急预案管理的原则,包括统一规划、综合协调、分类指导、分级负责、动态管理等,这些原则有助于确保研学旅行安全管理工作的有序进行,提高应急响应的效率。

🔭 知识活页

《生产安全事故应急条例》节选

第四章 法律责任

第二十九条 地方各级人民政府和街道办事处等地方人民政府派出机关以及县级以上人民政府有关部门违反本条例规定的,由其上级行政机关责令改正;情节严重的,对直接负责的主管人员和其他直接责任人员依法给予处分。

第三十条 生产经营单位未制定生产安全事故应急救援预案、未定期组织应急救援预案演练、未对从业人员进行应急教育和培训,生产经营单位的主要负责人在本单位发生生产安全事故时不立即组织抢救的,由县级以上人民政府负有安全生产监督管理职责的部门依照《中华人民共和国安全生产法》有关规定追究法律责任。

第三十一条　生产经营单位未对应急救援器材、设备和物资进行经常性维护、保养，导致发生严重生产安全事故或者生产安全事故危害扩大，或者在本单位发生生产安全事故后未立即采取相应的应急救援措施，造成严重后果的，由县级以上人民政府负有安全生产监督管理职责的部门依照《中华人民共和国突发事件应对法》有关规定追究法律责任。

第三十二条　生产经营单位未将生产安全事故应急救援预案报送备案、未建立应急值班制度或者配备应急值班人员的，由县级以上人民政府负有安全生产监督管理职责的部门责令限期改正；逾期未改正的，处3万元以上5万元以下的罚款，对直接负责的主管人员和其他直接责任人员处1万元以上2万元以下的罚款。

第三十三条　违反本条例规定，构成违反治安管理行为的，由公安机关依法给予处罚；构成犯罪的，依法追究刑事责任。

（资料来源：《生产安全事故应急条例》。）

课后练习

1.《中华人民共和国旅游法》中旅游经营者的安全管理责任包括哪些？

2.在与研学旅行安全管理相关的法律法规中，关于应急处理的法律法规有哪些？

3.试结合所学研学旅行安全管理相关法律法规，分析研学旅行安全管理中可能涉及的法律风险点。

任务二　研学旅行安全管理的政策导向与支持

任务导入

2023年11月，由广东省韶关市文化广电旅游体育局、教育局联合起草的《研学旅游服务要求》(DB4402/T 1—2023)，作为韶关市地方标准正式对外发布。该标准涵盖了基本原则、研学旅行基(营)地、研学旅行服务机构、研学旅行课程研发、研学旅行指导师服务、研学旅行安全管理、研学旅行服务评价与改进等内容。其中的"研学旅行安全管理"部分明确了安全管理制度、安全管理人员配置、应急预案与处置、医疗服务、保险保障、供应方安全管理等内容，为研学活动的安全开展提供了全面的制度保障和标准规范。

以上材料涉及的研学旅行安全管理举措属于什么层面的政策,当前我国研学旅行安全管理的政策导向与支持包括哪几个层面,对研学旅行的发展有什么作用?

🔘 任务解析

(1)材料中韶关市关于研学旅行安全管理方面规范的制定,属于地方层面对研学旅行安全管理的政策支持。

(2)当前我国研学旅行安全管理的政策导向与支持包括国家、地方、行业和企业等四个层次,有利于推动研学旅行的健康发展。

🔘 任务重点

能够全面理解国家及地方关于研学旅行安全管理的相关政策文件,包括政策出台的背景、目的、主要内容及实施情况等。

🔘 任务难点

具备对研学旅行安全管理相关政策进行初步分析、比较和解读的能力,能够研判政策变化对研学旅行安全管理工作的影响。

🔘 任务实施

一、国家层面政策支持及解读

研学旅行涉及学生集体出行、食宿安排等复杂环节,安全问题成为制约其健康发展的关键因素。国家层面制定研学旅行安全管理政策的主要目的是保障学生的生命安全和身体健康,规范研学旅行的组织和管理,推动研学旅行健康、可持续发展,并通过政策引导和支持,提升研学旅行的安全水平,增强家长和社会的信任度,为研学旅行的普及和深化创造良好环境。

(一)政策内容解读

国家层面的政策文件以教育部等11部门印发的《关于推进中小学生研学旅行的意见》最具代表性,该政策文件明确规定了研学旅行的安全管理要求。具体而言:

1.建立安全责任体系

各地须制定规范化的研学旅行安全防控方案,并推动建立涵盖责任划分、应急处置、权责认定及争议化解的标准化管理机制。该体系通过全流程管控设计,要求活动筹备阶段即设立安全主责岗位并配置对应保障措施。学校需落实行前安全培训、核查师生双重保险(意外险与校方责任险),同时与承办机构、家长签订三方安全协议,以法律文本形式厘清各方权责边界。通过制度性安排将风险管理前置,形成从预防教育到纠纷调解的完整闭环。

2. 加强研学旅行基地管理和建设

加强研学旅行基地规范化发展,通过整合自然文化遗产、红色教育基地及综合性实践场所等资源,系统化建设符合未成年人身心特点的安全教育实践基地。配套制度设计上,构建基地动态化评估体系,包括资质准入标准、运营退出机制及常态化质量监测机制,实施全周期管理。此举既强化了基地的安全合规性与教育适配性高要求,又通过标准化建设推动教育资源的优化配置,为研学实践提供安全可控的物理空间与专业化课程资源供给双重保障。

3. 规范研学旅行组织管理

教育主管部门及学校须建立研学旅行"三位一体"管理体系,即方案设计、备案监管与应急响应协同运作。具体实施中,学校须构建"方案编制—备案审查—预案联动"的流程化管控机制:活动启动前须完成包含课程目标、风险评估等要素的专项方案,经属地教育部门安全性与教育性双重审核后方可执行备案程序,同时建立跨部门预案报备通道。配套机制要求校方通过家长告知书、行前说明会等多元途径履行信息透明义务,并依据学生年龄特征和线路特点实施备案材料的动态调整,确保行政备案与家校沟通同步到位,形成全周期监管闭环。此外,文件还规定了学校自行开展或委托开展研学旅行的具体要求和责任划分,确保了研学旅行的规范性和安全性。

4. 健全经费筹措机制

构建多主体协同的研学旅行经费保障体系,通过创新"政校社家"多元分担机制,引导财政专项拨款、社会公益捐赠及家庭合理付费有机结合。配套制度层面,明确要求文旅、交通等职能部门针对性出台景区门票减免、客运专列补贴、文化场馆税费优惠等定向扶持政策,系统性地降低研学活动运营成本。该经济保障模式通过资源整合与制度激励双重发力,既拓宽资金来源渠道又提升资金使用效能,为研学实践教育规模化、常态化开展奠定长效支撑,促进教育公平与行业可持续发展相统一。

(二)政策影响解读

1. 提高研学旅行安全管理水平

国家层面对研学旅行安全管理的政策支持,从制度上规范了研学旅行的组织和管理,提高了其安全水平。通过建立安全责任体系、加强基地建设与管理、规范组织管理等措施,有效降低了研学旅行过程中的安全风险,保障了学生的生命安全和身体健康。

2. 增强家长和社会信任度

研学旅行安全管理的持续完善,显著增强了家校社会协同共治的信任基础。防控能力提升使家长对活动风险的认知趋于理性,形成"知情—参与—监督"的良性互动;社会层面通过行业规范与正向引导,构建起包容性支持网络。这种基于安全保障的社会信任重构,有效降低了教育实践活动的决策阻力,推动研学旅行从试点探索转向常态化实施,为教育创新培育出风险可控、多方共赢的可持续发展生态。

3. 推动研学旅行可持续发展

国家层面对研学旅行安全管理的政策支持,不仅保障了当前研学旅行的安全有序进行,还为其未来的健康可持续发展奠定了坚实基础。通过政策引导和支持,研学旅行将更加注重教育性和安全性相结合,不断提升活动质量和效果,满足学生和社会对优质教育的需求。

知识活页

研学游迎来新政策:强化标准制定 保障安全与质量

2024年11月,文化和旅游部发布《关于促进旅行社研学旅游业务健康发展的通知》(以下简称《通知》)。与学校组织的研学实践活动有所不同,《通知》主要针对的对象是旅行社经营研学旅游业务的市场化行为,并要求旅行社在各个层面增强服务能力,这将有助于推动旅行社在研学旅游领域的业务增长。

《通知》还强化研学旅游安全管理和风险防范,要求旅行社在经营研学旅游业务时选择具备资质的供应商、合作商,与具备开放条件和接待服务能力的机构开展合作,落实旅行社用车"五不租"规定,对研学旅游产品进行安全评估,不得将未开发开放、缺乏安全保障的区域纳入研学旅游产品。

北京第二外国语学院文化旅游政策法规中心副主任认为,研学旅游和其他旅行不同,必须要有专门的规范。研学旅游首先要保障安全。这就需要出台研学旅行强制性规范,如中小学生参加研学的,车辆只能在白天行驶,且每日行驶时间在6—8个小时;每辆车上必须要有陪同人员,每日定时将学生安全、生活状态发送给学生的法定监护人;住宿地点必须保证安全,且须将住宿地点等信息告知学生的法定监护人。

(资料来源:《中国消费者报》。)

思考:请自行搜索《关于促进旅行社研学旅游业务健康发展的通知》全文,分析其中关于安全管理的规定对当下研学行业的有利影响?

二、地方政府配套措施及实施情况

2016年教育部等11部门联合印发《关于推进中小学生研学旅行的意见》后,各地方政府积极响应,纷纷出台相应文件和配套措施支持本地区研学旅行的发展。其中,在研学旅行的安全管理方面,虽尚未有地方政府出台专项的文件政策,但在已有的研学旅行宏观性文件中大多涉及了研学旅行安全管理的相关内容。

（一）研学旅行安全管理的地方政府配套措施内容分析

1.政策制定与指导

目前,我国绝大部分省市均已出台了推进研学旅行发展的文件,主要形式为"管理办法""实施意见""课程指南"等,这些文件几乎都涉及了研学旅行安全管理相关的配套措施,文件对研学旅行的安全管理提出了具体要求,包括制定安全保障方案、落实各方责任、加强安全教育和应急演练等。

2.组织管理与协调

（1）成立协调小组。

多地政府成立了由教育、文旅、公安、交通等多部门参与的研学旅行工作协调小组,负责统筹规划和管理指导研学旅行工作。例如,广州市和天津市均明确提到成立协调小组,加强部门间的协同合作。

（2）遴选与管理服务机构。

黑龙江省等地对研学旅行服务企业(机构)进行遴选和管理,确保服务机构具备相应资质和良好信誉,能够提供安全、优质的服务。

（3）行前安全教育。

各地要求在研学行前开展安全教育,覆盖交通、饮食、卫生等重点领域,通过知识讲解与应急模拟训练结合,提升学生风险防范及突发应对能力。

（4）应急预案制定。

要求学校和组织机构制定详细的应急预案,包括紧急疏散、医疗救助、事故处理等,确保在突发情况下能够迅速、有效应对。

（5）交通与住宿安全。

对研学旅行的交通工具和住宿条件进行严格把关,确保符合安全标准。例如,合肥市要求选择正规运营车辆及司机,住宿应选择具备资质的餐饮服务商和研学旅行营地。

（6）专业培训与监督

加强对研学旅行指导师和领队的专业培训,确保他们具备足够的安全意识和应急处理能力。同时,对研学活动进行全程监督和评估,确保活动安全有序进行。

（二）进一步完善的意见

1.加大政策执行力度

各地政府应进一步加大研学旅行安全管理政策的执行力度,确保各项安全措施得到有效落实。同时,加强对学校、家长和学生的安全宣传教育,提高他们的安全意识。

2.完善监管机制

构建研学旅行规范化监管体系,通过建立权责清单及职能矩阵,形成跨部门协同监管网络。重点实施服务主体全周期监管机制,严格开展机构准入审查与常态化督导,依托信用评价系统建立白名单动态发布制度。教育部门联合市场监管机构定期开展资质复核与服务质量监测,对达标机构实施星级认证并向社会公示,为学校遴选优质合作方提供权威参考,倒逼行业向标准化、专业化方向升级,保障教育属性与市场行为的有机统一。

3. 推动信息化建设

利用现代信息技术手段,建立研学旅行安全管理信息系统,实现对学生、教师、研学机构等信息的实时监控和管理。

知识活页

《浙江省中小学生研学旅行课程指南(试行)》节选

七、管理保障

(一)加强研学旅行课程管理

各级教育行政部门负责对学校、研学实践基地营地的研学旅行课程进行指导和管理,负责审查研学旅行课程,评估反馈研学旅行课程实施质量。

(二)优化研学旅行课程实施环境

1.纳入教育教学计划

各市、县(市、区)教育行政部门要把中小学生研学旅行纳入中小学综合实践课程、团队活动课等予以落实。

2.加强统筹协调

各市、县(市、区)教育行政部门要加强中小学生研学旅行工作的统筹规划和组织管理,引导博物馆、科技馆、青少年宫(青少年活动中心)等开设中小学研学绿色通道,为研学课程实施提供支持。

3.加强舆论宣传

各市、县(市、区)教育行政部门、中小学、各层级研学实践教育基地(营地)等要加强研学旅行目的意义、目标内容等方面的宣传,为研学旅行课程实施营造良好的社会舆论氛围。

(三)加强课程管理和指导师培训

加强研学课程开发、管理与培训。各级教育行政部门、教研部门、中小学校等应将研学课程、研学指导师培训纳入国培、省培、市培、校培等各级中小学教师培训中。注重通过项目式、体验式、探究式培训,提升研学旅行指导师专业素质,探索逐步建立省市研学指导师培训师资库。

(四)加强安全教育

各中小学校、各层级研学实践教育基地(营地)与参与研学旅行活动的相关方,应制定相应的研学旅行安全手册。课程实施前,做好学生安全指导,明确安全事项;课程实施中,加强学生安全监督,加强安全监护,防止意外事故的发生;课程实施后,总结安全问题,为下一次研学旅行活动提供经验借鉴。

(资料来源:浙江省教育厅官网。)

三、行业组织标准制定和推广工作

当前,研学旅行安全管理尚未出台专门的行业标准,但部分研学旅行相关行业标准中涉及了安全管理的内容,代表性的包括全国旅游标准化技术委员会提出的《研学旅游服务要求》(LB/T 054—2025)、中国旅行社协会和高校毕业生就业协会提出的《研学旅行基地(营地)设施与服务规范》(T/CATS 002—2019)等。这些标准为研学旅行的安全管理提供了指导原则和基本框架。

(一)行业组织标准下的研学安全管理原则

1. 安全第一的原则

《研学旅游服务要求》明确提出研学旅行产品和服务应遵循教育性、实践性、安全性原则。

《研学旅行基地(营地)设施与服务规范》强调基地应始终坚持安全第一,配备安全保障设施,建立安全保障机制,明确安全保障责任,落实安全保障措施。

2. 全员参与原则

《研学旅游服务要求》要求主办方、承办方和供应方共同参与安全管理,确保各个环节的安全。

《研学旅行指导师国家职业标准》强调研学旅行指导师应具备安全教育能力,能在研学活动中进行安全指导和应急处置。

(二)行业组织标准下的研学安全管理的基本框架

1. 研学安全管理的实施主体与职责

主办方:负责研学旅行活动的整体规划与安全防控措施的制定。应与承办方签订委托合同,明确安全责任。

承办方:负责研学旅行活动的具体实施与安全管理工作。应设立专门的部门或专职人员,负责安全防控和应急处置。

供应方:提供旅游地接、交通、住宿、餐饮等服务时,应确保服务的安全性。应与承办方签订旅游服务合同,明确安全责任。

研学旅行指导师:在研学活动中负责学生的安全教育与指导。应具备安全教育和应急处理能力,能在紧急情况下采取有效措施保护学生安全。

学生与家长:学生应遵守研学旅行的安全规定,增强自我保护意识。家长应了解研学旅行的安全安排,配合主办方和承办方做好学生的安全教育工作。

2.研学安全管理的具体措施

(1)安全管理制度。

《研学旅游服务要求》要求建立研学旅游业务安全管理制度,组建安全防控团队,安排安全防控人员,明确岗位要求,开展安全管理考核。

《研学旅行基地(营地)设施与服务规范》规定基地应制定研学旅行活动安全预警机制和应急预案,建立科学有效的安全保障体系。

(2)安全教育与培训。

《研学旅游服务要求》要求对研学旅游服务团队开展全员安全培训,包括但不限于安全规范、安全操作、安全文化、应急技能、职业素养、责任意识等。

《研学旅行指导师国家职业标准》明确指出研学旅行指导师需具备安全教育宣讲知识能力,能在研学活动中进行安全教育和提醒。

(3)安全隐患排查与整改。

《研学旅游服务要求》要求针对研学旅游产品和服务进行安全防控准备,包括安全方案制定;对研学旅游线路中的交通食宿、基地、营地进行实地勘察,排查安全隐患;准备必要的材料、设施设备、医疗物品、通信工具等。

《研学旅行基地(营地)设施与服务规范》强调基地应进行常态化安全检查,建立检查、维护、保养、修缮、更换等制度。

(4)应急预案与演练。

《研学旅游服务要求》要求结合实际制定专项安全防控方案,如接送站、户外活动等;应对参与者开展多种形式的安全教育培训,包括但不限于通过研学旅游课程、专题安全宣讲、知识竞赛、公益活动、安全应急演练等方式,明确安全纪律、安全细则和安全注意事项。

《研学旅行基地(营地)设施与服务规范》规定基地应设置安全管理机构,建立安全事故上报机制,配备安全管理人员和巡查人员,有常态化安全检查机制和安全知识辅导培训。

(5)安全设施与设备。

《研学旅行基地(营地)设施与服务规范》详细规定了基地应具备的安全设施,包括应急照明灯、应急工具、消防设备、安全护栏等,并要求这些设施应配置齐全、标识醒目、有效运行。

(6)安全责任与保险。

《研学旅行基地(营地)设施与服务规范》要求基地设立安全责任机制,明确各方安全责任,并为研学旅行学生购买在基地活动的公共责任险。

（三）研学旅行安全管理相关行业组织标准制定和推广的建议

1. 健全研学旅行安全管理的行业组织标准

当下研学旅行安全管理的行业组织标准尚不健全：一方面缺乏专门的研学旅行安全管理标准；另一方面，研学旅行安全管理相关的行业标准数量较少且尚未形成体系性。

2. 建立跨部门协作机制

建立教育、旅游、交通、卫生等部门的协作机制，共同制定和推广研学旅行安全管理标准，形成合力推动研学旅行行业的健康发展

3. 增强标准的可操作性和指导性

现有标准应更加注重实际操作的可行性和指导性，提供具体的实施方法和案例，帮助研学旅行机构和组织更好地理解和执行标准。研学旅行机构和组织应加强对工作人员和学生的安全教育和培训，提高他们的安全意识和应急处理能力。

4. 及时更新和完善标准

随着研学旅行市场的发展和安全风险的变化，应及时更新和完善现有标准，确保标准能够反映最新的安全需求和挑战。

四、企业内部管理制度完善建议

研学旅行作为一种融合教育与旅行的特殊活动形式，其核心目标是让学生在实践中学习，同时确保每位参与者的安全与健康。安全管理不仅是研学旅行的基石，更是研学企业信誉与责任的重要体现。

（一）研学企业内部安全管理制度上存在的问题

（1）制度不健全：缺乏系统全面的安全管理制度，或制度内容陈旧，未能覆盖研学旅行活动组织和开展过程中的风险点。

（2）执行不力：制度虽有，但执行过程中存在"走过场"现象，缺乏有效的监督机制。

（3）责任不明：安全管理责任划分模糊，导致事故发生时责任推诿。

（4）信息不畅：部门间信息共享机制不健全，安全信息无法及时传递，影响决策效率。

（5）培训缺失：部分从业人员安全意识较为淡薄，缺乏系统的研学安全知识和应急处理技能培训。

（二）研学企业内部管理制度完善建议

（1）构建全面的研学安全管理体系：依据国家和地方的法律法规、行业标准，建立涵盖风险评估、预防措施、应急响应、事故调查等全链条的安全管理制度。

（2）强化责任落实：明确研学项目开展过程中各级管理人员及员工的安全职责，实施安全责任制，将安全绩效纳入绩效考核体系。

（3）建立高效的信息沟通机制：利用信息化手段，如建立安全管理信息系统，实现安全信息的快速传递和共享，确保决策及时准确。

（4）加强安全教育培训：定期组织全员安全培训，包括法律法规、安全操作规程、应急处置等内容，提升全员研学安全管理素养。

（5）实施动态风险管理：建立风险监测、评估和反馈机制，定期举行应急演练，检验应急预案的有效性，并根据演练结果进行必要的调整，动态调整风险管理策略和措施。

课后练习

1. 行业组织标准下的研学安全管理的具体措施有哪些？
2. 请针对目前研学企业安全管理现状，提出针对性的改善意见。

任务三　研学旅行安全管理的国际经验与借鉴

任务导入

2020年11月19日，日本香川县水域的海警像往常一样巡逻。下午四点多，他们突然收到了一条救援的请求："我们的船因撞上了海上漂流物而船身进水，目前这艘船上大概有52名小学生……"一艘载有52名小学生、5名老师、5名船员，共计62人的海上渡轮，在日本香川县水域触礁后缓缓下沉，冰冷的海水无情地涌入船舱，死亡的阴影笼罩着渡轮上的每一个人。可令人震惊的是，在这起沉船事故中，最终，除了2名小学生和1名老师因体温过低送医治疗外，没有任何人员伤亡，所有的孩子都顺利获救。

在以上案例中，日本此次安全事故成功解决的背后有哪些原因，日本修学旅行安全管理的经验对我们有什么借鉴意义？

任务解析

我国的研学旅行起步较晚，在研学旅行安全管理上缺乏成熟的经验。因此，积极了解包括日本在内的国外研学旅行安全管理的典型做法，借鉴其相对较为成熟的经验，有利于完善和提高我国的研学旅行安全管理水平。

任务重点

国外研学旅行安全管理的典型做法及对我国研学旅行安全管理的经验借鉴。

任务难点

运用所学国际经验,分析研学旅行安全管理中存在的问题,并提出具体的改进建议。

任务实施

一、日本修学旅行安全管理经验的解读与借鉴

(一)日本修学旅行安全管理的经验解读

1.相关政策文件概述

日本构建了以《教育基本法》为核心、初高中《学习指导要领》为支撑的分层式修学旅行政策体系,并辅以文部科学省专项规程形成完整管理闭环。《教育基本法》从国家战略层面将修学旅行确立为生命教育与环境保护的实践载体,赋予其法定教育属性;《学习指导要领》则通过"目的—内容—实施"三维度框架,细化行程设计、时长控制等操作规范。在安全管理方面,政策系统设定了涵盖行前风险评估、应急预案编制、责任教师配置的权责分配矩阵,并建立学校与运输、住宿机构的标准化协作流程,确保教学实践与风险防控的协同实施。

2.日本修学旅行安全管理经验解析

（1）法律法规与政策保障。

日本通过法治化路径将修学旅行深度融入国民教育体系,形成"核心立法＋配套细则"的分层政策架构。《学校教育法》从国家立法层面确立其法定教育地位,《学习指导要领》则细化实施规范,明确行程设计、师生配比等12项基础安全指标。执行层面构建协同治理网络:文部科学省制定《修学旅行实施基准》确立风险管理框架,地方教育委员会配套出台实施细则,涵盖交通承运商准入审查、住宿设施安全认证等23项操作规范。该体系创新引入PDCA循环管理机制,通过学校自评、第三方审计、家长监督三重质量监控,实现教学价值与安全保障的有机统一。

（2）严格的管理制度。

日本对修学旅行活动有着非常严格的管理制度。从目的地选择、行程规划、交通工具安排到住宿餐饮等各个环节,都有明确的规定和要求。学校需提前进行详细的策划和准备,包括成立修学旅行计划委员会、考察目的地、调查住宿地食品与环境卫生等。同时,政府还通过设立专业机构——全国修学旅行研学协会,对修学旅行进行管

理和监督。

（3）细致的安全预案。

日本学校在组织修学旅行时，会提前制定全面的安全预案，覆盖交通、灾害、健康、食宿等所有环节。例如，严格审查车辆的安全资质，针对山区活动专门制定防摔伤方案。学校还会开展师生安全培训：老师学习急救技能，学生参与地震逃生演练，家长则通过说明会了解风险须知。同时配备急救箱、应急通信设备等物资，并与当地医院提前建立联系，确保突发情况能快速响应。这些措施形成了一套完整的安全防护体系，保障活动顺利开展。

（4）完善的社会保障体系。

日本拥有完善的社会保障体系，为修学旅行的安全保障提供了有力支持。几乎每个孩子在出生后都会购买意外保险，若在修学旅行过程中不幸发生意外事故，且确定学校无责的情况下，社会、家长能以协商或法律的手段面对事实并解决问题。此外，政府还设立了专项补助金，用于对家庭困难孩子的援助，确保所有孩子都能顺利参加修学旅行。

（二）日本修学旅行安全管理经验的借鉴意义

1. 理念层面

日本修学旅行强调"安全第一"的理念，将学生的安全放在首位。这一理念值得我国研学旅行借鉴。我国应进一步明确研学旅行的安全教育目标，将安全教育贯穿研学旅行的全过程，确保学生在研学旅行中的安全。

2. 方法层面

日本修学旅行在安全管理方面采用了多种方法，如制定详细的安全预案、加强安全教育和培训、利用现代科技手段进行实时监控等。我国可以借鉴日本的经验，制定符合我国国情的研学旅行安全预案，加强对学生和教师的安全教育和培训。

3. 措施层面

日本修学旅行在安全管理方面采取了一系列具体措施，如设立专门的安全管理机构、制定严格的审核制度、加强与社会各界的合作等。我国可以借鉴日本的经验，设立专门的研学旅行安全管理机构，制定严格的审核制度，推动研学旅行安全管理工作的顺利开展。

二、美国营地教育安全管理经验的解读与借鉴

（一）美国营地教育安全管理的经验解读

1. 相关政策文件概述

美国营地教育在安全管理方面有着一系列完善的政策文件，这些文件为营地教育

提供了明确的安全指导和保障。美国营地协会（American Camp Association，ACA）在营地教育安全管理中起到了主导作用。ACA制定了一系列严格的标准和指南，包括员工筛选、监管比例、培训内容等方面，以确保营地的安全运营。这些政策文件涵盖了从营地员工的背景调查到营地活动的具体监管措施，为营地教育构建了全面的安全框架。

2. 美国营地教育安全管理经验解析

（1）多维度员工筛选。

美国营地教育在员工筛选方面采取了多维度的方式，包括犯罪背景调查、自愿披露的申明、相关调查、过往工作背景调查以及面试等。这种全面的筛选机制有助于确保营地员工具备良好的品德和职业操守，从而降低安全风险。

（2）严格的监管比例。

美国营地教育规定了严格的员工与营员比例，以确保在营地活动中每位营员都能得到充分的关注和照顾。

（3）系统的员工培训。

营地教育对员工进行了系统的培训，包括儿童侵害的识别、预防和处理等方面。这种培训提高了员工的安全意识和应对能力，使他们能够在紧急情况下迅速做出正确的反应。

（4）全面的风险管控体系。

美国营地教育形成了多方位的风险管控体系，包括确保营地及冒险活动的安全性、制定高标准的师生比和工作人员营员比等。这种体系有助于在保障安全的基础上，为青少年提供充分的试错空间，促进他们的体验式学习。

（二）美国营地教育安全管理的借鉴意义

1. 建立全面的安全管理体系

可以借鉴美国营地教育的经验，建立全面的安全管理体系，包括员工筛选、监管比例、培训内容等方面，以确保研学活动的安全开展。

2. 注重员工培训和安全意识提升

在研学旅行安全管理中，人员培训是核心措施。系统化培训能够强化员工安全意识和应急技能，确保全流程风险防控能力达标，为活动安全开展提供专业支撑。

3. 强化风险管控和预防措施

风险管控和预防措施是研学安全管理的重要保障。可以借鉴美国营地教育的经验，制定严格的风险管控措施和预防措施，以降低安全风险，确保研学活动的顺利进行。

三、其他国家研学旅行安全管理经验的解读与借鉴

（一）澳大利亚营地教育安全管理经验的解读与借鉴

1.澳大利亚营地教育安全管理经验的解读

澳大利亚政府对营地教育安全管理高度重视,通过一系列政策文件确保其有效实施。这些政策文件旨在为学生提供一个安全、健康、富有教育意义的营地环境。相关政策不仅关注物理安全,如营地设施、紧急疏散程序等,还重视心理健康和网络安全。例如,政策文件要求学校制定详细的安全措施,包括校园暴力预防、紧急疏散程序、网络安全指南等,并确保每位师生都充分了解并遵守。此外,政策文件还强调定期与家长沟通,共同商讨学生的教育和管理问题,以及加强心理健康教育,提供心理咨询和辅导服务。

2.澳大利亚营地教育安全管理的借鉴意义

（1）制定全面的安全管理政策。

其他国家可以借鉴澳大利亚的经验,制定全面的营地教育安全政策,涵盖物理安全、心理健康、网络安全等多个方面。提高安全管理政策的有效性和实操性。

（2）加强安全演练与培训。

学校定期组织火灾、地震等应急疏散演练,帮助师生熟悉逃生路线和流程。同时开展网络安全教育,通过模拟真实网络风险场景,提升师生应对突发状况的能力和安全防护意识。这两类培训结合理论讲解与实操训练,全面增强师生面对不同危险时的自我保护技能。强化监控与巡逻,加强营地监控系统的建设和维护,确保监控无死角,同时增加巡逻频次,及时发现并处理安全隐患。

（3）促进家校合作。

建立家校沟通机制,定期通报学生在营地期间的表现和安全情况,共同商讨学生的教育和管理问题。

（4）注重心理健康教育。

营地教育中特别加入心理健康支持模块,通过三项措施守护学生心理:一是设置心理咨询站,由专业老师提供辅导;二是开展团体互动游戏、自然探索活动等,帮助学生释放压力;三是建立日常情绪观察机制,及时发现需要帮助的学生,做到早干预。这些安排能让学生学会调节情绪,保持积极心态。

（二）英国大众化研学旅行安全管理经验的解读与借鉴

1.英国大众化研学旅行安全管理经验的解读

英国构建了"三位一体"的研学旅行安全治理体系,通过"国家课程框架"将其确立为法定教育模块,配套出台《校外教育安全实践指南》形成全周期管理流程。政策体系

涵盖行前风险评估数字化报备、行程中GPS定位监测、事后安全效能审计等12项核心制度。创新建立"教育机构主导、专业供应商认证"的政校社协同机制,要求学校须选择经英国探险活动协会认证的机构合作,并实施活动方案联合审查、风险防控双签确认等五步管控程序。特别设立研学安全专项督导组,对高风险项目实行动态评估分级管理,形成从政策设计到执行监管的闭环体系,确保教育目标与安全保障的有机统一。此外,英国的研学旅行安全管理还关注学生在研学旅行中的心理健康和人身安全,要求学校提供必要的心理支持和应急处理措施。

2. 英国大众化研学旅行安全管理的借鉴意义

(1)政策引导与规范。

英国通过立法将研学旅行纳入地方课程体系,并制定统一的安全规范。政策要求学校必须选择经审核的机构合作,落实行前风险评估、行程定位监测等安全流程,同时明确师生随行监护比例。这些措施既保障了活动安全,又推动了研学旅行在全国中小学的普及和实施。

(2)全面的安全管理措施。

英国研学旅行注重从旅行前的准备到旅行中的安全措施,再到旅行后的总结与反馈,形成了一个全面的安全管理链条。学校会为学生制订详细的研学旅行计划,并与旅行机构合作,确保项目的安全性。

(3)注重心理健康与人际交流。

英国研学旅行不仅关注学生在旅行中的物理安全,还重视学生的心理健康和人际交流能力。学校会为学生提供心理支持和应急处理措施,并鼓励学生与当地学生进行交流,增进相互了解。

课后练习

1. 教育部等11部门印发的《关于推进中小学生研学旅行的意见》中明确规定了研学旅行的安全管理的哪些要求?

2. 简要梳理和分析《中华人民共和国旅游法》中与研学旅行安全管理相关的内容。

拓展阅读

澳大利亚华裔少年参加露营中暑身亡　家长控告校方

2016年,一名16岁华裔少年在墨尔本一所私立学校组织的露营中不幸身亡。少年的家长将这所私校告上法庭,指控校方让孩子在极端炎热的环境下行进,导致了一场完全可以避免的死亡事故。

亚历山大·李(Alexander Li)是Huntingtower School一名11年级的学生。

2016年,李和其他学生一起顶着39℃的高温在位于南澳的Plumbago Station徒步,李在此过程中生病,后不幸死亡。

亚历山大李的母亲魏晓静(Xiao Jing Wei,音译)和父亲李毅内(Yi Nei Li,音译)声称,这所位于Mount Waverley的学校不顾天气情况组织露营,导致儿子因为天气过热而死亡,这给他们带来了永久的痛苦。

在近日提交给高等法院的一份声明中,李的父母表示,学校没有收集有关天气的最新信息,在一天中最热的时候,学校应限制学生们的户外活动。

他们还指出,学校也没有考虑儿子的身体情况。据了解,李当时被要求在35℃以上的气温环境下,带上17千克重的包裹和7升的水瓶行进。

李家代表律师Dimi Ioannou表示,李的死亡是一场糟糕且本可以避免的悲剧。"李的家长将他们深爱的儿子交托给学校,希望他们能照顾好孩子,但是他却被要求带着那么重的背包在酷热天气行进,这本来是完全可以避免的悲剧。"他说。

该律师还指出,学生就不应该在如此高温的环境下徒步。

(资料来源:中国侨网。)

思考:结合以上案例,试分析澳大利亚营地教育安全管理的优缺点?

项目小结

研学旅行安全管理的法律法规与政策环境涵盖了多个方面。本项目首先介绍了研学旅行安全管理相关法律法规,对《中华人民共和国旅游法》等法律法规中涉及研学旅行安全管理的内容进行了详细分析。其次,从国家、地方、行业和企业四个层面,介绍了当前我国对研学旅行安全管理的政策导向与支持。最后,重点梳理了日本、美国等国家在研学旅行安全管理方面的典型做法,并剖析了各国经验的可供借鉴之处。

能力训练

请针对研学企业人员、中小学研学活动负责教师设计一份调查问卷,调研当前本地区研学旅行安全管理的现状,并结合本项目所学内容,从法律法规、政策导向和国外典型做法等方面,提出改进意见。

参 考 文 献

[1]　邓青.研学活动课程设计与实施[M].北京:高等教育出版社,2022.

[2]　魏巴德,邓青.研学旅行实操手册[M].北京:教育科学出版社,2020.

[3]　任鸣.研学旅行安全管理[M].北京:旅游教育出版社,2020.

[4]　吴耿安,黄安民.研学旅行安全管理[M].武汉:华中科技大学出版社,2023.

[5]　邓德智,景朝霞,刘乃忠.研学旅行课程设计与实施[M].北京:高等教育出版社,
     2021.

[6]　孔邦杰.旅游安全管理[M].上海:上海人民出版社,2024.

[7]　吴军生,彭其斌.研学旅行安全工作指南[M].济南:山东教育出版社,2019.

[8]　石连海,方祥伟.劳动教育安全管理[M].北京:旅游教育出版社,2023.

[9]　广东教育出版社基础教育课程发展研究院.最美课堂在路上——研学旅行安全手
     册[M].广州:广东教育出版社,2019.

[10]　杨晓安.旅游安全综合管理[M].北京:中国人民大学出版社,2019.

[11]　李杰.研学旅行指导师基本素养 [M].桂林:广西师范大学出版社,2020.

[12]　邓德智,伍欣.研学旅行指导师实务[M].北京:旅游教育出版社,2024.

[13]　李建刚,谷音,王军.研学导师实务[M].武汉:华中科技大学出版社,2024.

[14]　崔振斌,张美媛,赵海波.世界500强企业安全管理理念[M].北京:化学工业出版
     社,2015.

[15]　付立红.员工安全意识培训手册[M].北京:经济管理出版社,2012.

[16]　郑向敏,兰晓原.旅游安全知识总论[M].北京:中国旅游出版社,2012.

[17]　侯志强,张慧.旅行社安全管理事务[M].北京:中国旅游出版社,2012.

[18]　钟林凤,谭净.中小学研学旅行安全保障体系的构建[J].教学与管理,2018(18):
     71-73.

[19]　李先跃,张丽萍.研学旅行安全保障机制研究[J].中小学信息技术教育,2021
     (23):148-150.

[20]　毛平旎,亼议.中小学研学旅行安全风险管理水平的提升[J].基础教育研究,2020
     (14):134-136.

[21]　孙嫘.研学旅行背景下高职研学导师人才培养探析[J].无锡职业技术学院学报,
     2020(3):7-10.

[22] 黄薇,刘莉.基于广东研学旅行现状的高职研学导师培养策略[J].中国成人教育, 2022(2)：75-76.

[23] 李虹.日本中小学修学旅行的实践经验及其对中国的启示[D].武汉:华中科技大学,2019.

[24] 熊佳蕙,闫峰.沙尘暴成因及人文思考[J].灾害学,2004,19(1):92-96.

[25] 闫庆武.地理学基础教程[M].北京:中国矿业大学出版社,2017.

[26] 明道.地理常识速查速用大全集[M].北京:中国法治出版社,2015.

[27] 许泉.荒野求生点滴贝尔·格里尔斯教你野外生存与自救[J].现代兵器,2009(6): 55-63.

[28] 王美如,田勇.暑期安全事故频发这些"雷区"要远离[N].智慧生活报,2023-08-14.

[29] 胡光明,徐志伟.研学旅行运营实务[M].北京:人民邮电出版社,2022.

Note

教学支持说明

为了改善教学效果,提高教材的使用效率,满足高校授课教师的教学需求,本套教材备有与纸质教材配套的教学课件和拓展资源(案例库、习题库等)。

为保证本教学课件及相关教学资料仅为教材使用者所得,我们将向使用本套教材的高校授课教师赠送教学课件或者相关教学资料,烦请授课教师通过加入旅游专家俱乐部QQ群或公众号等方式与我们联系,获取"电子资源申请表"文档并认真准确填写后发给我们,我们的联系方式如下:

地址:湖北省武汉市东湖新技术开发区华工科技园华工园六路

邮编:430223

研学旅行专家俱乐部QQ群号:487307447

研学旅行专家俱乐部
群号:487307447

扫码关注
柚书公众号

电子资源申请表

填表时间：＿＿＿＿年＿＿月＿＿日

1. 以下内容请教师按实际情况填写，★为必填项。
2. 根据个人情况如实填写，相关内容可以酌情调整提交。

★姓名		★性别	□男 □女	出生年月		★职务	
						★职称	□教授 □副教授 □讲师 □助教
★学校				★院/系			
★教研室				★专业			
★办公电话		家庭电话				★移动电话	
★E-mail（请填写清晰）						★QQ号/微信号	
★联系地址						★邮编	

★现在主授课程情况		学生人数	教材所属出版社	教材满意度
课程一				□满意 □一般 □不满意
课程二				□满意 □一般 □不满意
课程三				□满意 □一般 □不满意
其 他				□满意 □一般 □不满意

教 材 出 版 信 息

方向一	□准备写 □写作中 □已成稿 □已出版待修订 □有讲义
方向二	□准备写 □写作中 □已成稿 □已出版待修订 □有讲义
方向三	□准备写 □写作中 □已成稿 □已出版待修订 □有讲义

　　请教师认真填写表格下列内容，提供索取课件配套教材的相关信息，我社将根据每位教师填表信息的完整性、授课情况与索取课件的相关性，以及教材使用的情况赠送教材的配套课件及相关教学资源。

ISBN（书号）	书名	作者	索取课件简要说明	学生人数（如选作教材）
			□教学 □参考	
			□教学 □参考	

★您对与课件配套的纸质教材的意见和建议，希望提供哪些配套教学资源：